臨床心理士からのメッセージ

出会いの風景

堀江 秀紀 著

AiR あいり出版

は★じ★め★に

いつ頃からだろうか？　「書く」ということに、心の安らぎを感じ始めたのは…
母親の躾《しつけ》？のせいか、幼少期から高校時代まで、ほとんど毎日日記をつけていた習慣はあったし、本もよく読んでいたが、意識して「書く」ことを始めたのは、京都で過ごした大学時代だ。漱石の「夢九十九夜」に触発されて、エッセイ集もどきを手作りして近親者に送ったり、また、学生運動で大学が休講中に、心理学専攻の仲間とガリ版刷りの同人誌を始めたあたりからかもしれない…。

卒業後、故郷に帰ってからは、県の社会福祉専門職あるいは臨床心理士として、さまざまな悩み苦しんでいる人たちと出会う中で、日々、深い気づきと多くの学びを経験させてもらうことになった。プライベートでも、想定外のさまざまな試練をくぐり抜ける中で、大げさではなく「救い」のような気持ちで、エッセイ（詩文集）のようなものを綴っていたことを想い出す…。中でも、苦悩の渦中にあった数年間に書き綴ったものは（とても公けにできる内容ではないが）、今読み返しても、過去のもの、あるいは自分の書いたものとは思えないほど、凄まじいリアリティをもって胸に迫ってくるものがある…。

そんな半世紀近いキャリアの中で、相談場面はもちろん、講演や研修会、ワークショップ等、機会あるごとに、その時々のテーマに関係するエッセイを、既存のものからピックアップして配布資料の中に添付しているうちに、クライアントや来場して下さった方々から、「他のエッセイも読みたい」「まとめて本にしてほしい」といった、ありがたい声をいただくことが多くなった。そして、それに応えたいという気持ちと同時に、悩み苦しんできた人たちとのこの貴重な「出会い」を、もっと多くの人たちと共有したい！という気持ちが強くなってきて、今回、旧友の石黒氏（あいり出版）のありがたい後押しもあり出版の運びとなった。

こうして振り返ってみると、さまざまな関係先からの依頼により寄稿してきたものが、かなりのボリュームになっていた…。ただ、自分が優先すべき日常は、「書く」ことより、日々の臨床現場にあるので、なかなかまとめる余裕がなかったし、現場体験を抜きに、偉そうに?文章など書けない、という思いも強かった。本来、「伝えていく」ということは、書き物ではなく、『語り』としてナマで口伝えしていくものではないのか…と。

しかし、振り返ってみれば、自分自身の仕事場も時空を超えた書籍であふれているし、SNSや情報の電子化が日常化し蔓延している現状の中で、いつも自分の傍らにあって、手に取って読めるという、触覚を含めた五感全てを媒体にできる「書籍」の意味や大切さを、改めて痛感するようになってきた…。

自分は、長文を書くことが苦手である。エッセイと言うより、「詩文集」のようなスタイルが、身についてきてしまったような気がする…。書いているときの自分を振り返ると、アタマではなく「五感で書く」というか、五感に任せて言葉を紡いでいくような習慣がある。言葉ひとつひとつを何度も吟味して、その言葉が腑に落ちるまで、魂?を込めて推敲をくり返すのだ。「言葉そのものが醸し出す雰囲気」だとか「間」とか「行間」をだいじにしていくプロセス…ちょうど、「フォーカシング」という心理療法のプロセスにも似ている…。確かに時間はかかる。しかし、そうすれば、あとになって読み返しても、その時には気づけなかった、多くの大切な「宝物」に、何度でも出会えるような感動があるのだ。それは、今も続けている日々のカウンセリング場面における自分自身の在りよう（スタンス）にも相通ずるような気がする。

まとめるにあたって、二部構成にしたが、第一部は、二〇〇二年から二〇〇六年まで、ある精神障害者社会復帰施設の機関誌に連載していただいたものを、ほぼ、当時そのままのカタチでのこしている。第二部は、二〇〇〇年から現在まで、複数の機関誌等に寄稿したものを、ランダムにピックアップしてまとめてみた。二十年前からの文章であり、「用語」には時代性もあり、古く感じることもあったが、なるべく当時の世相や雰囲気をだいじにしたかったので、加筆訂正は最低限にとどめた。

挿入した写真は、石黒氏の勧めもあり、主に県内でスナップしたネイチャーの写真を使用した。

きっかけは何であれ、この本を手にされた読者の方々と、小生の拙い体験や想いを共有でき、深い「出会い」そして「魂の交感」ができれば、自分にとって、何ものにも代えがたい歓びである。

目★次

はじめに／2

第Ⅰ部（2002年～2006年）／9

1 言葉の要らない世界へ　～「同じ地平に降りていく」ということ～　…10
2 真心《まごころ》って何？　～彼が教えてくれたこと～　…13
3 このままでいい、生きていてほしい　～父が教えてくれたこと～　…16
4 原風景の夏　～「つながっていく」ということ～　…19
5 いつか、きっと聞こえてくる…　～中途失聴の母親と～　…22
6 にんげんになりたい…！　～彼が、ほんとうに求めていたこと～　…25
7 世界に一つだけの花　～「みんなちがって、みんないい」とは言うけれど～　…28
8 相手に返していくということ　…31
9 妖怪はどこからきたの…？　～水木しげるロードを訪ねて～　…34
10 どうして死んではいけないの？　～届くことば、届かないことば～　…37

11 大自然の営みの中で ～職縁社会の先にあるもの～ …40
12 動物たちはなぜものを言わないんだろう ～Y子との出会いから～ …43
13 「とりのこされていく」のは誰？ …46
14 人が美しくなる時… ～刑務所での出会いから～ …49
15 ただ、そこにあるだけで… ～山が人を癒す力～ …52
16 正しい知識なんてない…？ ～ミンデルの「コーマワーク」から～ …55
17 仏さまに全てをお任せするということ ～ある禅僧との出会いから～ …58
18 そのまんま ～弱さ、哀しみに寄り添う～ …61
19 ジャズは一期一会の音楽 ～即興演奏に凝縮された理想の人間関係～ …64

第Ⅱ部（2000年～2020年）／67

1 『となりのトトロ』にみる子どもの世界 …68
2 輝くものは、いつもここに ～『千と千尋の神隠し』から～ …71
3 子どもは、大人の「影」のメッセンジャー …76
4 一枚の写真から …78
5 精神障害は心の病？ …81

6 少しでも近づきたい　～三度目の大山登山～　…84
7 平気でうそをつく人たち　～前人格障害？について～　…89
8 いつまで続くエリマキトカゲ現象　～評論家はもう要らない！～　…93
9 手話通訳者は、縁の下のカウンセラー！　～置き去りの？聴覚障害者の心理臨床～　…96
10 人を援助するということは、自分自身をみつめること　～二人の実習生との出会いから～　…101
11 「彼を支えてあげたい…」　～ある実習生の門出に～　…106
12 曼荼羅と中将姫の旅　～奈良「当麻寺」を訪ねて～　…110
13 Here's to Life！（人生に乾杯！）　…114
14 ほんとうの「やさしさ」ってなんだろう？　～精神科医S先生との出会いから～　…118
15 恋愛は最高の人間関係　～「家族神話」解体の時代に～　…123
16 私の心は海　～ダライ・ラマの言葉から～　…127
17 心の安全基地　～アイデンティティって何？～　…130
18 出会いへの道　～エンカウンターグループの試み～　…133
19 「属性」はいつか失われる…　～ニュートラルな自分であるということ～　…136
20 悩みとは何か？　～問題の解決から解消へ～　…141
21 身体感覚を取り戻す！　…144
22 大切なことは、自分の足もとに…　～「気づいている」ということ～　…147

23 清濁併せ呑んだ音楽　～ジャズミュージシャンとの出会いから～　…150
24 引き受けている人たち　～ダブルバインドの狭間で～　…155
25 陰陽師とカウンセリング　…159
26 異界からの卒業　…162
27 巡る春…そして「寄り添う」ということ　…165
28 こころで生きるを考える　～ある納棺師との出会いから～　…169
29 言葉と沈黙　…175

おわりに／178

第Ⅰ部
(2002年～2006年)

1 言葉の要らない世界へ

～「同じ地平に降りていく」ということ～

先日、初冬の九重山を二日間歩いてきました。高校登山部でインターハイに出場して以来、三十五年ぶりでしたから、おぼろげな記憶をたどりながら、胸にこみ上げてくるものがありました…。

山を歩くということは、自分の一歩一歩にどれだけ〈無心〉になりきれるか、ということに尽きるような気がします。刺激に振り回される街中のペースでは通用しません。ヒトリで穂高連峰を縦走した時などは、ルートやコースタイム、地形など、あらゆる情報を徹底的に「アタマ」に叩き込んでいくのですが、いざ山に入って歩き始めると、次第にアタマは空っぽになり、五感が開き感覚が鋭敏になっていきます。しかし心はすごくリラックスしてきて、山との一体感が生まれてくるのです…。そうなると、もう「足が歩く」のであって、理屈や心（意思の力？）で歩こうとはしていません。そうして、言葉の要らない世界に、身も心も溶け込んでいくのです…。

このことは、最近私が、いろんな人たちから相談を受ける時の、自分自身の状態にとても近いなあと感じるのです。相談者の悩みや苦しみを聴かせてもらうときの自分を振り返ってみると、私は、「アタマ」で聴くのでもなく、「ココロ」で聴いているのでもないような気がするのです。強いて言えば、全身をアンテナにして「カラダ（五感）」で聴いているという感じがしてなりません。

よく「相手の立場に立って」とか「相手の身になって」と言われますが、それは、決してアタマで相手を理解するのではなくて、まずは、今ここで（here & now）の相手の〈佇《たたず》まい〉を、五感を開いて感じとることしかない。相手のたった〝ひとこと〟の重み、あるいは沈黙のままの佇まいを、目を閉じて「カラダ（五感）」で感じること…。そして、そんな時の自分は、相手というよりむしろ自分自身の内面の動きを〈実感〉していることに気がつきます。カウンセリングなどという言葉すら使いたくない、使えない…。ただ、耳を澄まして、受け止めさせてもらう…そこからしか始められない…そんな気がしてなりません。

ある人から「心を病んでいる人が、ほんとうに求めていることは何でしょうね？」と尋ねられたことがあります。人は、悩んだり苦しい時には、「○○してみたら？」という助言？よりも、まずは（今の気持ちを）「わかってほしい…」ということではないでしょうか。そして、不安におびえたりパニック状態になっている時には、「とにかく安心したい、落ち着きたい！」と願うのが、誰にとっても当たり前で切実な気持ちではないかと思うのです。どんなに病理の深い精神疾患の患者さんであれ、そのような〈人間関係〉での前提がクリアされなければ、次のステップに繋がるはずがないのです。症状の分析や診断も大切でしょうが、まずは「いかに安心させてあげられるか」ということこそが、「関わりのプロ」としての専門性でもあり、傍らに居る人間として、まず求められることではないかという気がします。臨床の現場では「きれい事では済まない！」という思いも随分経験してきましたが、これだけはごまかしのきかない普遍的なことであるような気がするのです…。

他人の気持ちなど、そう簡単にわかるものではないと思います。しかし、相手と同じ地平に降りていくことはできる…。心を病んでいる人が、自分自身を大切にいたわりながら、回復していくために必要なことは、助言や励ましの前に、隠喩的な表現にはなりますが、やはり「黙ってそばにいてくれる人、同じ地平で共に哀しみ、泣いてくれる人」、つまり「哀しみに寄り添える人」の存在かもしれません…。

現代社会は情報過多の世界であり、「アタマでっかち」になりやすい環境にあります。私は、もちろんコトバを介して、ひとつひとつのコトバを大切にしながらクライアントの方と関わってはいるのですが、究極は「コトバの要らない世界」「コトバを超えた世界」での出会いや、つながりを求めているような気がします。そして、そのためには面接室の中だけではなくて、枠を越えたもっと広いライフ・スペースや大自然の中で、「アタマ」ではなく「カラダ」での〈実感〉をかみしめながら、人との出会いや関わりを大切にしていきたいと思うのです…。

2　真心って何？
～彼が教えてくれたこと～

私が高校二年生の時でした。彼は、毎週末になると、必ずもう一人の友人を連れて、私の家にやってきました。といっても、いつも家族が寝静まった夜中のことなのです。私の部屋の外から声をかけて、窓から入ってくるのです。そうして、朝まで徹夜で話をして朝陽が昇る前にそっと帰っていくのが恒例となっていました…。

彼は、毎回必ずテーマ（課題？）を持参しました。「心とは何か？」「精神病とは何か？」「女とは何か？」「性欲とは何か？」等々、私に詰問してくるのです。その頃の私は、実存哲学や心理学に関心が深かったのを彼は知っていたせいか、私が少しでも中途半端な回答をすれば、彼はすかさず切り返してきました。もう一人の友人はその様子を見ては、いつも黙ってにやにやしながら聴いているのです…。

ある晩、彼は私に「真心《まごころ》とは何か？」という問いを持ってやってきました。その時の私は、どう答えたらいいのかわからず、全く言葉に詰まってしまいました。しかし彼は決して自分の考えを話してはくれず、私に自分で考えさせようとするのです。その晩は、とうとうお互い沈黙のまま朝が来てしまい、彼らは帰ってしまいました…。私は、なぜかその問いかけが気になって仕方なく、毎日のように自分の心の中で反芻《はんすう》していました。何とか回答をみつけようと、一晩中、憑《つ》かれたように暗闇の市内を歩き廻ったこともありました。でも回答はみつからないまま、次の週末がやってきました…。

私は、悔しいけれど、彼の考えを教えてくれるように懇願しました。ちょうどその時、私は彼らのために、台所でインスタントコーヒーを入れてお盆にのせ、部屋のテーブルに運んできたところだったのです。すると彼はこう言いました「真心ちゅうのはのう、そのコーヒーをゆっくりここへ置くこといや」…と。

彼が精神疾患を抱えていたことを知ったのは、高校を卒業してからでした。彼は、どうしても精神科医になると言って、大学浪人を六年以上続けました…。私が大学を卒業し、県職員として「精神衛生センター」（現、精神保健福祉センター）に就職が決まった時、そのことを知った彼がたった一度だけ私に自分の苦しみ？を吐露したことがあります。「便所に入っちょっても、どこにおっても人工衛星が俺を監視しちょる。何もできん。この苦しみがお前にわかるか？　心理学で何ができる！」…と。彼の〈孤独〉と〈恐怖〉は、きっと私なんかの想像を絶するものだったろうと、今になって思うのです…。

彼と最後に会ったのは、もう一人の友人の結婚披露宴でした。彼は、ヴァイオリンでバッハの「シャコンヌ」を弾いたのです。どう考えても結婚披露宴には似つかわしくない曲です（きれいなドレスに身を包んだお嬢さんが、ピアノでショパンやドビュッシーを弾くのが相場と決まっています）…。彼の演奏は決して上手とは言えなかった。しかし、この曲をこれほどゆっくりと、これほどに激しく弾いた演奏を、それまで私は耳にしたことがありませんでした…。

別れ際に、彼はこう言ってくれました「お前は確かに、あの頃上調子じゃった。でもお前はそれをどうにかして乗り越えようとしちょった。そこが、他のやつと違うところじゃった」…と。

彼は、浪人生活を止め、いったんは東京で就職しましたが、再び医学部を受験し合格したと、風の便りに聞きました…。

彼のことを思い出すたびに、私はとても精神障害について教科書どおりの症状論なんか話す気にはなれないのです。

もし、あの頃、彼と出会ってなかったら、今の私はもっと気楽に生きていたかもしれません。彼の尽くしてくれた〈真心〉は、今も私の中の〈戒め〉として、底流のように生き続けているのです…。

3 このままでいい、生きていてほしい

～父が教えてくれたこと～

長年パーキンソン病に苦しんできた父が、昨年末から急に容態が悪化し、痴呆を併発して不穏状態が続いていました。あちこちの医療機関をたらい回しになったあげく、やっとたどり着いた病院は、自宅からは遙か遠い私の通勤途上でした…。毎夕、その痴呆病棟の一室で、不眠や不穏状態で苦悶している父を目の当たりにするたびに、「何とか、楽にしてやりたい…」「自分なら、早く楽にしてほしいだろう…」という思いにとらわれました…。でも、何か違う…。病院を後にして、車を運転しながらの帰路、なぜか涙がこみ上げてくる日々が続きました。他人事ではない…重い何かが…自分自身と何かが重なっている。この気持ちは何なんだろう…？　家庭内での感情的な確執や父に対する葛藤もありましたし、それが自分を苦しめているようにも感じられましたが、父の状態を、あるがままに受け容れられない自分がもどかしく、たまらない思いでした…。

ある日、主治医から呼び出しがあり、痴呆病棟から内科病棟に移った時、それはもう全身状態が悪化し、死期が迫っていることの予告のようにも思われました…。

そんな時、たまたまある雑誌で『生きていることを期待されない人たち』というコトバを目にして、

愕然としてしまったのです…。人間にとって、これほど寂しいことが他にあるだろうか！　人間の価値って何だろう…？　動くことも、話すこともできない、他人に世話をかけるばかり。肉体は枯れ木のようになり、人格は変容し、正常な?思考力も失っている…。生きている意味があるのだろうか…？自分だったら、生きていたいだろうか…？　そんな自分を誰かが愛してくれるのだろうか…？

内科に移って2週間が経った頃でした。仕事の帰り、いつものように父の元を訪れ、やせ細った震える腕を、ぎこちなく空中に上げながら、虚ろに開いた目で、うわごとのように、何かをつぶやいている父を目の当たりにしていた時です、「自分は一体今まで何をやってきたんだろう？　偉そうなことを言いながら！」「自分は、なんて傲慢だったんだろう…！」そんな想いに突然、襲われたのです。そして、その時、初めて腹の底からこみ上げてきたのは『このままでいいから、生きていてほしい！　何も要らない、ただそれだけでいい！』という、声にならない叫びのような実感でした…。

そして、この時から、自分の中で何かがふっ切れたような気がするのです…。

病院から危篤の電話を受けたのは、その数日後でした…。職場からすぐに駆けつけましたが、結局、父の死に目には間に合いませんでした…。しかし、父の死顔は穏やかで、お前に伝えるべきことは十分伝えたよ、と言っているようにも思えたのです…。

ほんとうに、つらく苦しい時にこそ、会いたい人、会える人は誰なんだろう…？　それはきっと、どんな時でも、ウソもかけ引きもない「素のまま」で存在している人…。しかし、自分は、ほんとうに「素のまま」ということの意味をわかっていたのだろうか…？

そのことの真の意味を、初めて私に教えてくれたのは、最期の病床の父の姿だったような気がするのです…。

4 原風景の夏

～「つながっていく」ということ～

私の両親の故郷である山間の町では、毎年盆になると、各部落で「盆踊り」の行事が始まります。今年も、八月十三日、母親の実家の前に、笹竹を立てた櫓《やぐら》が組まれました。四方に提灯を灯し、暮れ時から「トンカラカッカ」と、乾いた太鼓の音が響きはじめます。そうすると、真っ先に浴衣《ゆかた》に身を包んだ幼い子どもたちが、はしゃぎながら飛び出していきます。それにつられるように、ビールで顔を赤らめた大人や帰省中の親族たちも、ぼちぼちと家の外に出てきはじめます。古謡の「くどき」の唄声が響き始めると、誰からともなく踊りが始まり、次第に輪ができてくるのです…。私も幼少時から、この太鼓と踊りが大好きで、必ず輪に入っていきました。

この踊りは、振り（動き）は非常にシンプルなのですが、独特のタイミングの取り方があって、人に教えることが難しいのです。つまり「イチ、ニイ、サン、シ…」では、覚えられない。アタマで覚えようとしてもダメなのです。とにかく輪に入って、太鼓とくどき唄の中に「身を任せる」しかない…。しかし、いったんカラダが覚えてしまうと、もうやめられない！　止まらない！　カッパえびせん状態？です。踊れば踊るほど、いろんなバリエーション（即興）の「振り」が自然に生まれてくるのです。お囃子《はやし》は全くありませんが、踊り手が「あ〜らよ〜い〜やさ〜」と、合いの手を入れながら踊っていく様は、まるでジャズの即興演奏そのものという気がします。だから、何時間踊っていても飽きがこないのです。私の母親は、若い頃、あちこちの部落の盆踊りを夜遅くまで踊り歩いては、よく祖父に叱られたと話していましたが、気持ちがよくわかります…。

私は、この町の盆踊りには、身体が触れ合う社交ダンスとかコール（掛け声）で動くレクリエーションダンスなんかとは違った、全く別の世界を感じるのです。誰の指示もなく、たった〈ヒトリ〉で踊っているのに、なぜかどんどん周りの人たちと「つながっていく」実感がある。互いに口をきくわけでもないし、視線を交わすわけでもないのに、ふか〜い一体感のようなものに、身も心も包まれていく…。そして、そこには遠い昔の祖先の人たちともつながっていくような、不思議な懐かしさと安らぎがあるのです…。

「出会い」は、必ず〈ヒトリ〉と〈ヒトリ〉の間で起こることです。逆に言えば〈ヒトリ〉だからこそ「出会い」が起こる。ただ、みんなの中で「やさしさ」を装って振る舞ってみても、心の隙間を理屈やおしゃべりで埋めてみても、虚しさしか残らないことがある…。〈ヒトリ〉ということの意味は、「さみしさ」とか「孤立すること」とは全く異なる次元のことです。いつも自分が、「属性」にとらわれない、素のままの自由な自分自身であるということ。そして、素敵な「つながり」に出会うためには、仲間?を求めてウロウロすることではなくて、むしろ自分自身の足元を見つめて、自分のための「井戸掘り」をしていくこと…。そうすれば必ず、時空を超えてつながっているパワーに充《み》ちた「地下水の流れ」に到達できる…。

いつも、「みんなの中の自分」を確かめていないと不安な時代…。でも、ほんとうに生き生きした深いつながりは「携帯電話」や「Eメール」よりも、もっと身近にあるような気がするのです…。

5 いつか、きっと聞こえてくる…

～中途失聴の母親と～

誰でも、ひとつくらいは、自分だけの「想い出の宝物」を持っているのではないでしょうか…。私にとっての、宝物のひとつは、私が十三歳の誕生日に母親からもらった一枚のレコードです。タイトルは、「ベニーグッドマン物語」。東芝の赤いアセテート盤ですが、その中央のラベルに、母親がお祝いのメッセージを書いてくれています。

『あなたは音楽が好きだ。これからの人生で苦しいことに出会っても、救われるものがあることは素晴らしいことです。あの夜のベニーグッドマン素敵だったなあ！　あの感動をもう一度！　～十三歳の誕生日に～』

中学校に進学して、吹奏楽部でクラリネットを吹きはじめた頃、初来日したベニーグッドマンの演奏を白黒のテレビで母親と一緒に聴いたのが、私とジャズの最初の出会いでした…。

今では針飛びがひどくて、まともには聴けませんが、その後同じレコードが再発された時にはすぐに手に入れて、今でも自分の誕生日には必ず、深夜独りで針をおろすことにしているのです…。

音楽好きの母親は、私が小学生の頃から、当時では珍しかった、オーケストラやバレー等のコンサートに、たびたび連れて行ってくれました。ざわざわしたホールでの、開演前の「ときめき」や目の前の生演奏の興奮が、今でも鮮明に想い出されてくるのです…。

しかし、そんな母親も五十歳を前にして、原因不明の突発性難聴を患い、いわゆる「中途失聴」といわれる状態になりました。もと音楽教師でもあった母親は、「音楽を聴く」という大きな喜びを失い、県下トップクラスの指導者でもあったフォークダンスも辞めざるを得なくなり、うつ病まで病んでしまいました…。

それから四半世紀、今年の春に父親が亡くなり、母親は独りになりました…。先日の夜遅くトイレに立ったときです、閉め切った真っ暗な母親の寝室から、何とも言いようのない「うめき声？」のようなものが聞こえてきました。驚いて耳を澄ますと、それは、寝付かれない母親が、布団の中で独り、小学唱歌を唄っていたのでした。もちろんまともな音程にはなっていませんし、自分の声の大きさもわからないのでしょう…。もともとは気丈夫な母親なのですが、その時の私には、遠い子どもの頃を想い出しながら、寂しさを紛らわしているかのように聞こえて、胸が詰まりました…。

私が、大学で心理学を学ぶことを選んだのは、母親との関係性の中で自分自身が随分と悩んだことが、大きく影響していると思っているのですが、一方で母親は、私に音楽をはじめ、読書の奥深さや、山（自然）の素晴らしさなど、たくさんのことを教えてくれました。これらが、その後の自分の人生をどれだけ癒し、救ってくれたかわかりません。親というのは、子どもに対して試練？と同時に、それを癒し、救う術（方法）も一緒に伝えてくれるものなのでしょうか…。

うつ病や甲状腺障害のために、薬漬けになりながら、ほとんど動けない身体にムチ打っては、毎日同じように、ひたすら家族の世話をくり返してくれている母親…。いつだったか、もう一度だけでいいから、歌劇「トスカ」の中のアリア「星は光りぬ」が聴きたい、と漏らしていた母親…。

でも人は、耳（聴覚）だけで生きてはいない。必ず、心の中のどこかで「聞こえている」、いや、いつかきっと再び「聴くことができる」と信じていたいのです…。

6 にんげんになりたい…！
～彼が、ほんとうに求めていたこと～

数多くの医療機関やカウンセラーを渡り歩いて、私のところに紹介されてきた彼は、まさに人間不信のかたまりのような四十歳過ぎの男性でした…。会う前に電話で話を聞いていたときです。彼は知識も豊富で、とても饒舌《じょうぜつ》な人でしたが、いろいろなやりとりをした後で、そんな彼に「う～ん、自分だったら、心なんていうよくわからんものはちょっと脇に置いといて、アタマで考えるよりも、カラダに任せてみるなあ…」と言ったときだったでしょうか、彼は、ちょっと驚いた様子でしたが、しばらくして受話器の向こうでつぶやきました「Hさんは（映画「ゴースト」に出てくる）インチキな霊媒師みたいですね…でも、僕はそういう人を求めていたんです…」と。

彼は、精神科で使われる、「統合失調症」以外のおよそあらゆる病名?をもらっていましたが、初めて彼に会ったとき、私が「変ではないと思うよ…」とつぶやいたことが、彼はとてもうれしかった、と後で言いました…。彼は、葛藤に満ちた生育歴と金縛り状態の家庭環境の中で、会社を退職後十年近くも引きこもりの状態でした…。

面接後二、三日して、彼からメールが届きました…。

『…そう、私には見事なほど実体がないのです。愛することのリアリティや生きてるハートのコアが、ま・る・で抜け落ちているのです。アイデンティティがないから、所詮お手軽で希薄な誰かのニセモノにすぎないんですね…。魂の吹き込まれたあのピノキオの話を思い出させて。にんげんになりたい。本当に、そう思います』

彼は、「自分がない」「存在そのものがない」とよく言っていました。彼は、女性を「好きになる」という感覚すらわからないと言います…。解離性障害？　人格障害？　そんなラベリングが彼にとってどれほどの意味があるんだろう…？　彼は「希薄な誰かのニセモノ」なんかじゃない。彼が、そのことで切実に苦しんでいることが、その証拠じゃないか…！

その後のメールのやりとりの中で、私が、彼にうまくコミットできずに、少しでもきれいごとで反応してしまうと、彼はすかさず「ほらHさん、一ミリ引いてる！」とやり返して気づかせてくれます。でも逆に、私自身が素直なあるがままの気持ちを伝えられたときは「感じた。Hさんが入ってきてくれた！　ありがとう、うれしいな！」と、自分の歓びをまるで子どものように、おおらかに伝えてくれるのです…。

彼はその後、「私ならこうする、こうしたい！」と勧めたとおり、再び医療機関にも受診するようになりました…。もちろん、彼の苦しみが無くなったわけではありませんが、何とかコントロールできる大きさにはなっているのかもしれません…。

私たちは、よく「自分は…」「私の考えは…」などと、当たり前のことのように言っています。しかし『自分を見失うとか、落ち込んだなどと言っても、所詮は、ちゃんと認識できる「自分」が大前提にあるじゃないか！』と彼からのメッセージが聞こえてくるようです…。彼がほんとうに求めていること、それは、ありきたりのやさしさや理解とは、ほど遠いところにあるような気がします。彼にとっては生命（いのち）がけなのです…。

腑に落ちる「実感」、そんな関わり！　温もり！　それは、知識やマニュアルに振り回され、感動を人工的に作り、刺激を「外」に求めていかざるを得なくなっている我々自身が、ほんとうは心の底で求めていたことではなかったのか…そんな気がしてなりません…。

＊これは、彼の了解と希望により、書かせてもらったものです。

7 世界に一つだけの花

～「みんな違って、みんないい」とは言うけれど…

十五歳になる知り合いの女の子が、私の誕生日に、プレゼントと一緒に「おまけ」と称して、一枚のＭＤをくれました。『この歌知ってる～？　今一番人気の歌！　知らないとおくれるぞ～！　すっごいイイ歌だよ～』というメモをつけて…。それは、ＳＭＡＰの新譜「世界に一つだけの花」を録音してくれたものでした。何度か耳にしていた曲ではあったのですが、翌朝、通勤途上の車中で、歌詞をたどっていきながら何度も聴いているうちに、涙があふれて止まらなくなってしまいました…。その子は、高校受験に失敗したばかりだったのに、いつもと変わらぬ笑顔で私にこのＭＤを渡してくれたのです…。

花屋の店先に並ぶいろんな「花」を、かけがいのない一人一人の「人間」にたとえて、『どれもみんなきれいだね』と、物語のように歌いつづっていく…。あの槇原敬之の作品でした…。下手をすると、きれいごとで押しつけがましくなりそうなテーマを、ほんとにシンプルで軽やかなメロディーにのせて、感じたままを、そのままにメッセージとして届けてくれている…。

『…それなのに　僕ら人間は　どうしてこうも比べたがる？　一人一人違うのにその中で一番になりたがる？』…ほんとにそうだ、どうして、みんなそんなに無理してがんばったり、つっぱったりしてるんだろう？　学校でも職場でも…。

ふと、金子みすゞの有名な詩の一節を思い出しました。『みんなちがって、みんないい』…いろんなところでいろんな人に（特に福祉や教育の現場で）、引用されている一節です。でも、ほんとうにみんなそれぞれが、そんな風に大切にされているんだろうか…？　きれいな？コトバやスローガンは、一皮むけば、結局、みんなと同じじゃないといけない（そうでないと不安になる）、「横並び平均主義」の裏返しだなあと感じることも少なくないのです…。

私は今まで臨床の場で、社会に順応しようと、みんなに気をつかい、がんばり、その結果「自分を責めて苦しんでいる」人たちに数多く出会ってきましたが、彼らは、そんな〈おりこうさん社会〉のスケープゴート（犠牲者）だと言っても言い過ぎではないような気がしてなりません。『あなたが悪いのではない…どんな状況にあっても、人の心だけはいつも自由なんだよ…』と、私は伝えたいのです…。

長い間、家に引きこもっていた、ある若い女性は、私からみれば、繊細で素敵な感性を持った人でしたが、彼女は「私には友だちもいないし、趣味もないですから…」とため息をついていました。そんな彼女に私は、周囲がどうであれ、ありのままの自分の〈実感〉を大切に温めていくことさえできたら、「友だち」なんてレベルを超えた深い「出会い」が必ずあるし、「趣味」なんてものよりもっと深い「歓び」に出会えると思うよ、と話したことがあります…。

『そうさ　僕らは　世界にたった一つだけの花　一人一人違う種を持つ　その花を咲かせることだけ

に一生懸命になればいい』

そう、そのことだけにひたすら一生懸命になればいい、かけがえのない自分を大切に育ててやればいい、そのために命を燃やせばいい！　どうして何でもかんでもできなければいけないの？　どうしてみんなと同じでなければいけないの…？

それこそが、人間の「影」の部分をみつめつづけた金子みすゞの、ほんとうに伝えたいことではなかったのか、と思うのです…。

8 相手に返していくということ

テレビはあまりみる方ではないのですが、家に居る日曜日は、昼食をとりながら『ＮＨＫのど自慢』をよく観ています。アマチュアである出場者の歌声を聞いていると、ときに涙が出るほどに心に浸みてくることがあります。それは、単に歌が上手といったレベルではなくて、素人《しろうと》ならではの一途さ、かけひきのない「ひたすらさ」みたいなものが伝わってくるからでしょうか…？

絵画や書であれ、楽器の演奏であれ、「上手ですね！」というのは、自分にとっては誉《ほ》めコトバとは思えません。ほんとうに心から感動したときは、そんな言葉は出ないものだと思いますから。むしろ「すごい…」とか「うれしかった…！」とか五感からにじみ出てくるものでしょうし、口上手に表現できるものではないと思うのです。人をほんとうに感動させるのは、上手下手（技術）を超えたもの…。

ある外国の建築家が、京都の桂離宮を観て『泣きたくなる美しさ』と表現したことを想い出します…。

へたに資格や技術を持っている学者や専門家よりも、いわゆる素人ともいうべき人の方が、意外に洞察力にすぐれていたりするのは、『裸の王様』に出てくる子どものように、先入観なしに自然体で、物事を見たり関わったりしているせいかもしれません。上手になろうと学べば学ぶほど、生き生きした自分から離れていってしまう。大切なのは、自分自身の「五感」への信頼であり、共感だと思うのです。

芸術であれ人であれ、ホンモノにはいつも「遊び心」が感じられます。相手や対象との間に、いつもニュートラルな空間、つまり、わかっていない「未知のスペース」が用意されているのです。とても謙虚な佇まいです…。「ニセモノ」はリジッド（固い）であり、「ホンモノ」は、いつもフレキシブル（柔軟）です…。

イタリアの映画監督、F.フェリーニの映画に『フェリーニのローマ』という作品がありました。彼の育ってきたローマの街をテーマにした、ある意味での記録映画なのですが、彼は、決して観光客のようにに次々にローマを撮り歩くようなことはしませんでした。強いて言えば、彼自身の「内なるローマ」を彼は表現していたのだと思います…。そして、撮ったもの全てを再びローマに返していった。そして、観る人それぞれが、自分自身の中にその人なりのローマ（故郷）をかみしめることのできる「スペース」をのこしてくれた…。彼は、観客からも決して「奪う」ことはなかった…。

それは、福祉や臨床の場でも全く同じことだと思うのです。相手から「奪ってしまわない」こと…必ず、全てを相手に返していくということ…。相手のことを全て知る必要もなければ、請け負う必要もない。必要以上に介入することはないのです。相手は相手なりの他の誰も「侵《おか》すことのできない」時空間や、異なった布置の中で生きているのですから。わかったつもりになっていることの怖さをもっと認識すべきでしょう。それこそが、「ありのままの自然の流れ」を阻害しない「あたりまえ」の関わり（支援）ではないでしょうか…。人は、たとえ親子であれ伴侶であれ、相手の人生を肩代わりすることはできないのですから。それをしようとするのは、むしろ傲慢《ごうまん》とも言うべきことでしょう。

反省をするならば、「もっと○○すべきだった、してあげるべきだった」などということよりも、むしろ「しなくてもいいことまで、してしまったのではないか？」という謙虚な視点をだいじにすべきではないかと思うのです。それでこそ、ここぞというときに、きちんと対峙し、潔《いさぎよ》い関わりができるのではないでしょうか…。

9 妖怪はどこからきたの…?
～水木しげるロードを訪ねて～

大山登山の帰路、地元出身の友人に誘われて、境港市《さかいみなと》にある「水木しげるロード」を訪れました。あいにくの雨でしたが、境港の駅前で車を降りて傘をさして歩きはじめ、最初の妖怪のひとつをみたとたん、なぜかピ～ンと五感に響いてくるものがありました。それは、水木ロードを歩くにつれて、次第にはっきりしたイメージになっていきました。歩道沿いにずっと並んでいる八十六体の妖怪は、よくあるような単体の大きな像ではなく、みんな小さな二十～三十センチ足らずのブロンズ製で、しかもそれがさまざまな形をした大きなオブジェの中に鎮座していたり、外に張りついていたりするのです。そして、どんなに奇怪な姿をした妖怪たちも、なぜか全く気味悪くもなければ怖くもない。それどころか、見れば見るほど現実の人間以上に親近感や愛着を感じるのはなぜなんだろう…!

今年八十一歳になる水木しげるは、三歳まで全く言葉をしゃべらなかったといいます。四歳の時に初めて発した言葉が「のんのんばあ」だった…と。「のんのんばあ」とは、彼が幼いときから、さまざまな伝承や昔話を語り伝えてくれた実在のおばあさんだった。それが、その後の彼の妖怪人生?の源だったのかもしれません…。

ロードを歩きながら、妖怪は結局、人間の「想像力の産物」なんだなあという想いが湧き上がってきました。幽霊やお化けも同じことかも知れません。しかしテレビやホラー映画の中では、心霊現象だの祟《たた》りだのエクソシストだのと人々の恐怖や不安を煽《あお》っています。その中で、彼の生み出した妖怪は全く違った佇まいをかもし出している…。それは、彼自身の「心」そのものがそのままカタチになっているせいなのかもしれません。つまり全ての妖怪が彼の分身だということ…。

境港という歴史と自然に恵まれた、ゆったりした時間の流れの中で育った感性、それはほんとうに温かく柔らかい！　幼いときから暇があればヒトリで絵を描いていたという彼。若いときに描いたという人体解剖図を見ても、顔からとび出した眼球を見ても、なぜか気味悪さよりも、むしろ温もりや安らぎすら感じさせるのはなぜだろう？　人間のカラダってこんなにも愛《いと》しいものだったのか…と。それは、彼がラバウルで左腕を失くすほどの凄まじい戦争体験をした後も、彼の持ち味は全く変わらなかった。戦地の極限状況の中でも「ぬりかべ」などのユーモアたっぷりの妖怪に救われている…。同じお化け？で、こうも違ってくるということ…。

我々は、コントロールしがたい自分の五感や身体感覚というものを、いつの間にか置き去りにしてきたような気がするのです。目に見えるカタチのあるものしか信用できなくなっているのではないか…と。しかし写真より絵画の方に、ドキュメントより物語の方に、むしろ実物以上のリアリティが感じられることがあるように、人という存在は、自分の「想像力」で現実をどうにでもしてしまえる。もっと言えば、心の感じ方で目の前の風景が全く変わっていく…。人間の営みというのは、全てが「想像力」

の産物ではないのか…？　『人生は、自分の思った（想像した）とおりにしかならない』と言った、ジョセフ・マーフィーの言葉を思い出します…。

『鬼太郎っ！こんな不自由なところは出よう。そとにはおけらだとか死人だとかお化けだとか話のわかる友人がたくさんいる…さあいこう』…目玉おやじの一喝で、鬼太郎はあてのない放浪の旅に出ました…。水木しげるは「電灯がお化けを消した」とも言っています。妖怪もお化けも安心して？住めなくなった時代なのかも知れません…。

記念館の二階に展示されている「妖怪道五十三次」の色鮮やかな原画をみつめていると、彼のユーモアと細やかな心遣い、それにさまざまな妖怪たちのホッとさせるような佇まいに不思議な安らぎを覚えて、記念館を去るのがなごり惜しく感じました…。

10 どうして死んではいけないの？
～届くことば、届かないことば～

先日、傾聴ボランティア講座の講師を依頼されてある町へ出かけました…。三、四年前頃からでしょうか、傾聴ボランティアという言葉をマスメディアでも目にするようになったのは。その頃の第一印象は、「何をいまさら傾聴？」という不快感に近いものでした。手を替え品を換え、また目新しいもの好きの日本人の悪い癖が始まった…と。「傾聴」ということは、カウンセリングの分野では基本中の基本であるのはもちろん、日常の人間関係においても言うまでもない常識ではないか！…と。

しかし、落ち着いて自分目身の生活を振り返って考えてみると、最近わずか五分でも自分の話をきちんと人に聴いてもらったことがあるだろうか？…とふと思ったのです。この忙しい？ご時世の中で、おしゃべりは結構している人でも傾聴してもらうような機会はほとんどないのかもしれない。会話の少ない人でも、これだけ情報や刺激の多い社会の中では、受身の状態で知らず知らず時間を埋めていたり、仕事と称して？あわただしく動き回っていることで、そういう飢餓感すら感じなくなっているような気がするのです…。今回の講座で、参加者全員に尋ねてみたところ、大半の人がそういう傾聴してもらったという経験を持っておられませんでした。

講座では、カウンセリングのイロハを説明した後で、二人ずつペアになって実際にロールプレイの演習をしてもらいました。年輩の方も多く、最初は胡散《うさん》くさい？感じもしたようですが、演習を終えたあとの感想を尋ねたとき、やはり大半の人が「すっきりした」「気持ちが楽になった」などと、さわやかな表情で、あるいは興奮気味に感想を述べられました。つまり、人というのは、ただ傾聴されているだけで、話している自分自身の中で、想像もしなかったような思いがけない展開が起こり、大切な「気づき」が生まれることがあるのです。

悩みや問題そのものがなくなることはありません。しかし、聴いてもらうことで、その悩みや問題と距離がとれるようになり小さく感じられてきます。そうすると、横に置いたり、ポケットにでも入れてしばらく一緒に携えながら考えていくことができるのではないでしょうか。つまり、悩みや問題と格闘するのでもなく捨ててしまうのでもなく、その問題と適度な距離が持てて少しでもコントロールできるようになることで、とても気持ちが軽くなり、楽になってきます。そうして人は初めて前向きの一歩が踏み出せるのではないかと思うのです…。

講座の最後に、死にたい気持ちになっている相手から「なぜ死んではいけないの？」と問われたときにどう応えますか?という投げかけをしてみました…。参加者からは「親からもらった命だから大切にしなければ」「あなたが死んだら家族が悲しむよ」といった応えが多く、若い人からは「今は死にたいと思っても、気持ちがまた変わることもあるから…」といった応え方も聞かれました。それらのどれも間違いではないでしょう。よい悪いではないのです。

ただ、以前、長くうつ病を患った方から、まるで怒りをぶつけるように、そのような問いかけをされたことがありました。そのとき私は、すぐには応えられずに、その人の言葉をひたすら自分の腑に落としてみるしかありませんでした。そして私の中から正直にわき上がってきたのは「なぜ死んだらいけないかなんて、どう考えてみても自分にはわからない…神様にしかわからないかも…」という想いでした。だから私はそのままコトバにして伝えたのです。でもそれと同時に湧き上がってきたのは、「でも、生きていてほしい！　もうしばらく生きてみてほしい。今ここで私が言えることはそれしかありません…！」と、こみあげてきた想いが、思わず口から出てしまったのです…。するとその方は、急にカラダの力が抜けたようになられ「あなたがそう言ってくださるんですね…」と声を詰まらせ涙ぐまれました…。

その時は、とっさのことでしたが、振り返ってみると、理屈抜きの「I《アイ》メッセージ」だったからこそ届いた言葉だったのかもしれません…。

私の中にマニュアルはありません。ただ、「今ここで」ありのままの私であり続けること…それしかないのです。

11 大自然の営みの中で
～職縁社会の先にあるもの～

交通安全週間の立哨当番として、朝の通勤時間、職場近くの国道の交差点に一時間近く立っていました…。

街の中心部からは離れていて田園地帯も多少残っている場所なのですが、一方向のみに数珠つなぎに並んでノロノロと動いていく車の流れを見ていると、次第に妙な違和感におそわれてきたのです…。車一台に乗っているのは、ほとんどが運転者ひとりのみ、みんな疲れた顔に見える、というよりボーッとした放心状態に近い…。そんな中で、脇道から国道に出ようとしている軽乗用車の中年女性は、目の前の横断歩道を自転車で渡ろうとしている高校生を恨めしそうににらみながら、イライラしているというよりまるで戦場へ出かけるような表情だ。家を出るとき、家族といさかいでもあったのだろうか。みんな「顔」のある人間のはずなのに、まるで「のっぺらぼう」たちが得体の知れない何かに操られ吸い込まれるように、ひとつの方向へ流されていく…。

「通勤」ってなんだろう？「仕事」ってなんだろう？ どこか特定の職場に通うこと、職場があることが仕事なんだろうか…？ 職縁社会に馴れてしまうと、伴侶や家族、地域よりも、職場優先の倫理観が育っていき、何よりも職場での人間関係をうまく保つことにエネルギーを使ってってていく。当然のように、朝はせかせかとねじ巻人形のように車を運転して出かけていく。渋滞するとわかれば、狭い住宅街の裏道に入っていく。そうすれば歩行者や自転車はじゃまになる。それを何とも思わなくなる…。

時間外の「おつき合い」までが当たり前のようになり、知らず知らず「仕事」を免罪符にして、自分がやっていることにすら無感覚になっていく。そして自分自身のストレスにすら気づけなくなった職場戦士や一見やさしい？「やり手」たちが、バーンアウトし、潰れかけている時代…。

「社会参加」というコトバもどうも怪しい。職場がないと、集団に所属していないと、居場所がないように思いこんでしまう。ときには人間として一人前ではないようにすら思い込んでしまう、いや思い込まされてきたというべきかもしれません。それはまさに共同幻想ではないのか…？ただ得体の知れない何かに飼い馴らされているだけではないのか？　その背景にみえてくる「働かざるもの食うべからず」の怪物。戸籍もなく定住もしなかった山の民「サンカ」が、管理社会の中で葬られていった歴史が思い出されてくるのです…。

古井由吉は「杳子」という小説の中で、『あたしは病人だから、中途半端なの。健康になるということは、自分の癖にすっかりなりきってしまって、もう同じことの繰返しを気味悪がったりしなくなるということなのね…』と、神経を病んだ主人公に言わせています。車の洪水もそうですが、ほとんどは廃棄される街にあふれ返った膨大な食品や衣類、エトセトラ…そんな社会に無感覚になり馴れてしまうことを「健康」というのなら、健康になんかなりたくはない。むしろ病んでいたいとすら思うのです…。

「生きる」ということだけでも、人間は想像を絶するようなたいへんな営みをしているのに、その上、人間は一体何をしようとしてるんだろう?。余程の試練をくぐりぬけないと、人間は自分たちの傲慢さに気づけないのかも知れない…。そして、それを学ぶきっかけを与えてくれるのは、もう大自然しか残されていないような気がするのです…。アメリカ先住民のように、たとえ災害で部族の人間が犠牲になっても、ひたすら神に感謝の祈りを捧げているということ、人間は大自然の営みの中で生かされているということ…今一度謙虚に考え直してみたいと思うのです。

12 動物たちは、なぜものを言わないんだろう

～Y子との出会いから～

今から二十数年前、児童相談所に併設された「一時保護所」の児童指導員として、いろいろな問題や心の傷を抱えた子どもたちと寝起きを共にしていたことがあります。

ある日、小学二年生のY子が、急に入所することになりました。母親が莫大な借金を残して家出したことで父親と二人暮らしになっていたのですが、父親の緊急入院のため、止むを得ず入所してきたのです…。

その子は表情の乏しいおとなしい子で、何を尋ねられても最低限の返事しかしませんでした。そしてどんなことがあっても決して涙をみせない子でした…。そんなY子は、夕食後の自由時間になると、いつもひとりで食堂の片隅のテーブルに座って絵を描いていました。髪の毛が顔を覆うのも構わず、首を傾げてノートに顔をくっつけるようにして就寝時間になるまで同じ姿勢で何時間も描き続けるのです。ノートはすぐに一杯になってしまうので、保母さんは新聞広告などを綴じてノートにして渡していました。でも、描いた絵を他の子やスタッフが見ようとすると、すごい形相になって、カラダで覆うようにして絵を隠すのです…。

私はそんなY子の後ろ姿を夜勤のたびに目にしているうちに、まるで「写経」をしている姿だ！とい

う思いが込み上げてきました。ほとんどまばたきもせず無心になって描いている佇まい…。私には、決して触れてはならない世界（存在）のようにすら感じられてきました…。そうして、何回目かの夜勤の時だったでしょうか、近くのテーブルで黙ってテレビを見ていた私のそばに突然Y子がやってきて、「先生これあげる…」と恥ずかしそうに一枚の絵を目の前に差し出したのです。私はその絵を見せてもらった瞬間、全く言葉を無くしてしまいました。『なんて、やさしいかわいい世界なんだろう！』。紙面一杯に描かれた、たくさんの動物たち…ほんとにたどたどしいシンプルな線だけで描かれているのに、動物たちが生き生きとしゃべっているみたいだ！　たった二つの点だけで描かれた「眼」に、なぜこんなにも表情があるんだろう！　Y子の暗い表情からは想像もつかないような、なんて〈ハッピー〉で〈明るい〉世界なんだ！　誰にでも描けそうで、決して真似のできない絵…。「すごい…！」とつぶやくしかなかった私の顔を、彼女はふっと見上げて、初めてにっこり笑ってくれました。その笑顔は、ほんとに何の濁りもない彼女が描く動物の「眼」そのままでした…。そして、翌日からY子は他の子やスタッフにも自分の描いた絵を、時々は見せてくれるようになりました…。

『子どもは、絶対に自分の辛さを口にしたがりませんね…相手の苦しさはどこにあるのかとほんとうに自分の器を空にして相手をみつめなければ…。主張は言葉だけでなされるものじゃないんです。動物たちがものを言わないのにもわけがあるんです…』

動物をこよなく愛し、二十八歳の若さでガンで亡くなった後輩の言葉がよみがえります…。

「コトバ」では主張できない子どもたちにとって、「絵」や「クラフト（工作）」は、大きな癒しになっていることはよく知られています。不登校などで引きこもっている子どもに、絵を描くことが好きな子が多いのも頷《うなず》けるような気がするのです…。

絵を描く子どもの手には、「ひたすらさ」が込められています。たった一本の線にその子の〈生命（いのち）〉がにじみ出ているような気がするのです。絵画の巨匠と呼ばれたミロもカンディンスキーも、書道家の佐藤勝彦や彼が『こころの書』の中で紹介している無名の書家たちも、結局は子どもの描く、たった一本の〈生命《いのち》の線〉を求め続けたのではないかと思うのです…。

13 「とりのこされていく」のは誰…？

別に看板を掲げているわけではないのですが、私の職場（児童相談所）だけでなく、人づてに自宅にも毎日のように相談の電話やメールが入ってきます。必要があれば、直接お会いすることもありますし、たとえ遠方でもこちらから出かけることもあります。

「仕事だけでもたいへんなのに、どうしてプライベートな時間まで相談を受けたりしているのですか？　ストレスがたまるでしょう？」とよく不思議がられます。そんなとき私は「好きでやってますから…」といつも答えてしまうのです。もちろん無償でやっていることですから仕事ではありませんし、物理的、体力的な限界はあります。ただ、それだけの時間とエネルギーを遣っても決して惜しくはないほどの「何か（something）」を相手（クライアント）からもらえるからなのです。それは切実に苦しんでいる人の、ひたすらな想いや自分自身と精一杯向き合っている真摯《しんし》な姿から伝わってくるものかもしれません。目に見えない非日常的な次元のことでありながら、日常よりも生き生きとしたリアリティを感じてしまうのです。私は、いわゆる学問や専門家から学んだことよりも、今まで出会ってきた、ひとりひとりの悩み苦しんでいる人たちから直接学ばせてもらったことが大半であり、ほんとうの意味で役立っているような気がします。強い人が人を救うのでもなければ、立派な人格者や専門家が人を癒せるわけではないのです。人の「弱さや哀しみ」を識っている人、それらを謙虚に引き受け、かみしめている人こそが、ほんとうの意味で人の気持ちに寄り添えるし支えとなれるのだと思います。

また、私は自分自身が苦しかった時に、「一番わかってほしい気持ち」が、誰にも通じなかった（理解してもらえなかった）という想い（体験）がベースにあるのかもしれません。「誰にでもあることだよ」「がんばれ」「気にするな」「自分自身を変えていかなきゃあ」…そんな立派な？助言の中で、自分自身がダメだからと思い込んでいたこともありました。しかし、さまざまな悩める人たちとの出会いを通して、自分自身をみつめるということは、決して自分自身を「分析したり説得する」ことではなく、自分自身に「寄り添ってやる」ことだと学んできました。そして自分は「変える」ものではなく「変わる」ものだと…。それほどに自尊感情（self-esteem）というものは人間にとって大前提となる大切な原点だと思うのです。

先日、摂食障害で自傷行為をくり返していたある若い女性からメールが入ってきました。『病院では「がんばって早く病気から回復しましょう」と言われて何か変だった。でも自助グループに行って「いじめられたら苦しむのはあたりまえ」と言われてうれしかった。（世の中は）なにかが過剰な気がします…』と。苦しい病いを経験し、くぐり抜けてきた人たちは、支えてあげる人たちというよりも、むしろ我々が学ぶべき人たちであり、ずっと「先を歩いている」人たちだと思うのです。

社会から取り残されまいと、バタバタと忙しそうにしている人間が、結局は「とりのこされていく」存在なのだということに、いつになったら我々は気づけるのでしょうか…。

『かならず人は道からそれる…。そしてある時人は道に帰る旅にでる。帰り道に君に逢いたい…』…

ＭＡＳＡＹＡのメッセージが思い浮かんできます…。

14 人が美しくなる時…

〜刑務所での出会いから〜

数年前から、ある縁で年数回、遠方の刑務所を訪れることになりました。その刑務所では、「自分を見つめ直す」ための自主参加の教育プログラムがあり、その講師として依頼を受けたのです…。私の役割は、プログラムを始めるに当たっての事前講話と希望者への個別面接をすることでした。趣旨は理解できたとはいえ、刑務所に入るのは初めてでしたし、一体どんなコトバが、どんな話が受刑者の気持ちに届くのだろうと不安でした…。

初めて訪れた日は陽の暮れかかった夕刻でした。正門で守衛のチェックを受け、電話でやり取りをしてきた女性の刑務官に迎えられました。いくつもの扉を何度となく開錠、施錠しながら迷路のように上下、左右と続く廊下は、まるでタイムトンネルのように感じられました。やっとたどり着いた刑務官の事務室で、持ち物を全て預け、お茶を一服いただき簡単な打ち合わせをした後、会場である小さな会議室へと案内されました。

初めて会場に入ったときの印象は今でも鮮明に記憶しています。同じ質素な制服に身を包んださまざまな年齢の十数人の女性たちが整然と机に向かい、前方を注視して姿勢を正し、微動だにしません。私の方が緊張してしまいました…。起立、礼の号令の後、私が心理士であることと姓だけが紹介され講話に入りました…。私が用意していた話は、万引きをくり返していたある幼い子どもとその母親との出会い、そして他所では決して話したことのない自分自身の体験でした。それは受刑者の心情？に自分の想いを重ね合わせようと何度も考えている内にギリギリのところで浮かんできたことだったのです…。

緊張しながら話し始めたはずが、私はいつのまにか我を忘れて、自分の想いだけに引きずられるようにしゃべっていたようです。気がつくと目の前のみんながボロボロと涙を流していました。若い女性から白髪の老女まで、顔をくしゃくしゃにしながら涙をぬぐおうともせず、姿勢を正したまま、何のためらいもなく、初めて会う私と正面から向き合い、ありのままの自分をさらけ出してくれている…。

講話を終えた後の私は半ば放心状態でした。ただ、聴いてくれた人たちに「ありがとうございました」と深々と頭を下げるのが精いっぱいでした…。どうしてこんなにも自分が素直で謙虚な気持ちになれるんだろう？　自分自身が透明になり、全身全霊がホッとするような深い安らぎの感覚でした…。

暗くなった国道を運転しながら、なぜか刑務所のイメージに重なるように『千と千尋の神隠し』の「湯屋」が浮かんできたのです…。

個人面接では、三十代から七十代の女性までさまざまな人たちと出会いました。知的能力にハンディのある人もいるので考慮してください、と言われて面接した人たちばかりなのに、どうしてあれほどに生き生きと自分自身を語れるのだろう！　それは単に知的な問題ではなく、どれだけ切実で深い想いを体験しているかということなのかもしれません…。ある六十歳を過ぎた白髪の女性は、差別と偏見に満ちた凄まじい自分の半生を涙ながらに語られましたが、最後まで恨みがましさは全くなく、自分自身の

「弱さ」をひたすらかみしめるように話されました。「今日は先生のお話をもっと聞かせてもらおうとして来たのに自分ばかりしゃべってしまって…。でも生まれて初めて思いのたけをきいてもらえたような気がします…」と話し終えられたときの表情は、今まで出会った誰よりも美しいと思いました。私は刑務官と共に退室していかれるその後ろ姿に、ただ深々と頭を垂れるしかありませんでした。

人は自分自身とほんとうに素のままで向き合ったとき、全てが削ぎ落とされるように無垢な子どもに戻っていくのかもしれない…。受刑者の一人から、ふと耳にした「ここでは、みんなが〈ふつう〉に接してくれる…」というコトバの深い意味…。刑務所を取り囲むコンクリートの高い塀は、受刑者がその中で安心して生まれ変われるための「結界」なのかもしれません。そして、その中でさまざまなイニシエーションが行われている刑務所は、現実社会での数少ない「湯屋」であるような気もしているのです…。

15 ただ、そこにあるだけで…
～山が人を癒す力～

県境に聳《そび》えるその山は、私が小学六年生の時に、父親に連れられて登った初めての千メートル級の山でした…。それ以来、四季を通じてさまざまな人たちと十回以上は登っているような気がします。何かあるたびに?この山を訪れている…そういう意味では、自分にとってメッカのような山なのかもしれません…。

ある日曜日、一人の友人を誘って十年ぶりにその山を訪れました…。取り付くまでのアプローチが長い山なのですが、今は車で林道の終点まで入れるようになりました。しかし、取り付きから山頂まで急峻な道が続く結構ハードな山なのです。

車を降りて、ひんやりした森の空気に触れたとたん、凛とした「気」の流れを感じて全身に震えがくるようでした。沢沿いにゆっくり歩き始めると、小学生のあの頃と同じ感覚がよみがえってきました。原風景ともいうべき、せせらぎの音、野鳥の声、草木の匂い、葉擦れの音…。後ろを歩く彼と何も話す必要もない、心は満ち足りてコトバは要りません…。彼の歩みに気を配りながら、見上げるような尾根道を、一歩一歩ゆったりと足を運んでいきます…。高度を稼ぐにつれて、不眠と無気力なカラダを持てあましているはずの彼が、どんどん生き生きした表情になっていく…。「奥深い山なのに、どうしてこんなに明るくて気持ちのいい山なんだろう…」と彼がつぶやきます。そんな時の彼には、これまで山を一緒に歩いてきた他の誰よりも、繊細な感受性と深い共感能力のようなものを感じるのです…。

彼は、私の勧めでやっと「うつ病」の治療を始めたばかりでした。彼は、「自分がどうしたいのかわからない、何も決められない、自分のほんとうの気持ちも感情さえもよくわからない…」と言います。家庭や職場で混沌とした不全感が強まっていく中で、彼自身の幼少時からの親子関係や生い立ちが浮び上がってきたのです…。しっかりと蓋をして抑えてきたはずのものが見えてくる戸惑いと苦しみ…今の彼には、悩みを語ることさえたいへんなエネルギーが必要なのです。彼は、厳格な母親の元で反抗さえできずに言われるままに過ごしてきました。少しでも自分の気持ちを主張すれば否定され押さえつけられていくうちに、些細なことすら親に話すこと、相談することもできなくなってしまった。そして当然のように、結婚相手まで親の望むままに決めてしまっていた…。彼は人と気持ち（情）を通わせながら共に生きていくということを知らずにきたのかもしれません。ただひたすら波風立てないように、知らず知らず心に堅固なバリアをつくって「いい子」として頑張ってきたのかもしれない。そして、そのことに疑問すら感じずに四十代の今まで生きてきた…。しかし、ある運命的な出会いをきっかけに、自分の人生がいかに我慢（忍耐）と嘘（きれい事）に満ちたものだったかということに気づき、呆然としてしまった…。いつもは礼儀正しく大人に見える彼が、自分について語ろうとすると、突然貝のように言葉が出なくなってしまう。しかも、思いもかけない些細なことで私に怒りをぶつけてくることもありました。それは私に対してというより、まるで自分自身に対するはがゆさのようにすら感じたこともありました…。

山頂は三六〇度に近いパノラマでした。山頂から、どこまでも続く遠くの山並みをじっと見つめている彼の目は涙であふれていました…。

『今までこんなにまで耐えて頑張ってきたんだから、もうこれからは自分を生きていいんだよ…君が悪いのではない』私はいつも、そう彼に伝えてきました…。

何もできなくていい、何もしなくていい…山は『自分にはこんなことができる、できない』なんて自慢も卑下もしないし、慰めも励ましもしない。山は、ただそこに「あるだけ」で、こんなにも自分たちの全てをそのままに包み込み、癒してくれる…。

『ただ、今のまま、そのままでいいんだよ…』私は心の内で彼に話しかけながら、陽の傾いた急な山道を下っていきました。私も彼も山とひとつになって溶け合いながら…。

16 正しい知識なんてない…？
～ミンデルの「コーマワーク」から～

意識が朦朧《もうろう》とした昏睡状態の人や臨死状態の人でも、身内の前では、ふと正常な意識が戻ったように感じられたり、周囲の様子が意外にちゃんとわかっているのでは？と思われたというエピソードを、少なからず耳にすることがあります…。

三年前に亡くなった私の父は、パーキンソン病から脳の変性を起こして不眠や不穏状態が続き、最期には全くコミュニケーションがとれない？状態になっていました。全身状態も悪化し死期が近づいていることが明らかになってきた頃から、時々「ヘリコプター」という、うわごと？を耳にするようになりましたが、亡くなる少し前だったでしょうか、「『ヒデノリガ、ヘリコプターニ、ハネヲツケタ…』と（父が）つぶやいてたよ…」と妹から聞いて、何とも言えない複雑な気持ちになったことを思い出します。妹は、献身的などというレベルを超えて、一心同体と言っていいほどに父に寄り添って介護をしていましたから、他の者ではわからないような些細な言動からも、父の伝えたいことを敏感にキャッチし受け止めていたのではないかと思うのです…。その頃毎日、父の入院している病院を訪れていた自分の言動が、父の死に何らかの影響を与えていたのではないか？　自分が父のヘリコプターにハネをつけて、天国に行かせたのではないか…？という思いがアタマから離れませんでした…。

父の死後しばらくして、私は、米国のアーノルド・ミンデルという臨床心理学者を知りました。六十代半ばになる彼は、奥さんと共に、終末医療を行っている病院に足繁く通い、昏睡状態の人や死を迎えようとしている人たちと、真剣に向き合い関わりを続けている人でした…。彼は、うめいたり、騒ぎ立てる臨死患者に寄り添い、呼吸を合わせながら、一緒に声をあげてみたり、些細な言葉のトーンや息づかいにまで、そっと大切に触れていきます。そして、それらを患者の切実な〈シグナル〉として受け容れていくことで、相手の心も開き、「対話」が可能になると言うのです。今まで、そんなことは無意味なこととして切り捨てられきましたが、患者は日常的な現実のレベルとは異なる「別の意識状態」においても、ちゃんと心が働いている。そして「死」という強烈な体験をひとりでは受け止めきれずに困惑しているのだ、と言うのです。つまり、死にゆく人は肉体的な苦痛の緩和だけではなく心の支えを求めている。そして「生死の自己決定」への援助を何よりも必要としているということに気づいていったのです…。

大阪の、あるホスピスの院長が、死を前にした患者に「最期にそばにいてほしい人は、どんな人ですか?」と尋ねると、「死にいちばん近い人…」という答えが返ってきたそうです。私はそれを聞いて、〈死にいちばん近い人〉とは、年老いた人でもなければ、介護技術に長けた人でもない。もちろん、ありきたりのやさしさなんか通用しないだろうと思いました。それより、人は、ほんとうにこれで最期という時には、やはり気持ちが一番安らぐ人にそばに居てほしいのではないか…? 同じ波動の中で、ただニュートラルにそばにいてくれる人…そんな佇まいを感じられる人を求めているのではないかと思ったのです…。そして、このことは臨死状態の人に限らず、人に関わる全ての支援活動の原点のような気がするのです…。

ミンデルは、机上の理論家ではなく、実践家であるからこそ信じられるのですが、我々の日常には「わかったつもり」「知ってるつもり」になっていることが、あまりに多いのでないかと思うのです。今は、当たり前のようにやっていることが、何十年か後には、たいへんな誤りであったりすることは、歴史を振り返ってみても明らかです。極論すれば、「正しい知識なんてない」、知識は常に流動的です…。ミンデルは、〈ふと気になった微細な感覚〉を従来の知識にとらわれることなく、先入観なしに、自分自身の感覚でしっかりつなぎとめた人だと思うのです…。

特に「対人援助」ということに関わっている我々は、関わる相手の前に、常に〈謙虚〉でありたい。「何もわかってはいないのだ…」ということをかみしめながら、実践を積み重ねていきたいと思うのです。

17 仏さまに全てをお任せするということ

～ある禅僧との出会いから～

私がまだ二十代の頃でした。当時勤務していた精神衛生センターに通所していた、不登校の中学生と神経症？で休職中の青年を、精神科医でもあった上司の計らいで、近郊の曹洞宗の禅寺に数か月間、預かってもらったことがありました。私は、週に一～二回、その禅寺を訪れては、彼らと面接したり、方丈様から彼らの様子を聞いたりする役割を与えられていました…。

その職場を異動して数年経った頃、あることで心の不全感に悩み、そのお寺の門を今度は自分で叩くことになりました。旧知のその方丈様にお会いして、毎週一回、仕事を終えた帰りに座禅を組ませてもらうようにお願いしたのです。方丈様は、快く応じてくださり、禅寺通いが始まりました…。

初めての日、方丈様は、夕刻になって訪れた私を本堂に案内してくださり、仏壇の前に、ゆっくりと座し、座禅の手ほどきをしてくださいました。そうして、お香を焚きながら、広い本堂に私と二人きり、約一時間、ゆらめく燭台の灯のもとで一緒に座禅を組んでくださったのです…。し～んとした静かな時間だったはずです。しかし、自分の心の中には、次から次へと、どろどろした思いばかりがあふれ出てきていたのを想い出します。座禅を終えると、方丈様は私に一冊の古い経本を渡してくださり、その場で般若心経の教えを少しばかり説いてくださいました…。本堂を後にし、庫裡に戻った私に、ゆったりと作法に則って煎茶を入れてくださり、しばらく日常的な話しをさせてもらって帰るのです…。

ある日、座禅を終えた私は、いつものように煎茶をいただきながら、方丈様に、自分のもやもやした胸の内をくどくどと話してしまったことがありました。その時の方丈様は、少し苛立った?様子で言われました。「あなたは、そうやってあれこれ考えるより、もっと好きなことをやってみたらどうかね。もっと遊ぶことですよ…」と。その時は意外な言葉に驚いてしまいましたが、ぐずついていた自分の気持ちに、なんだか「喝」を入れられたような気持ちになったのです…。


通い始めて数か月が経った頃でしょうか、座禅を終えてスッキリした気持ちで、いつになく上気していた私は、方丈様に「自分は、他力本願を旨とする他の宗派よりも、自力本願である禅宗の方が好きです。他の力に頼るのではなくて、自分の力で何かをつかんでいくことが…」と口をついて出てきたのです。それを伏し目がちに聞いておられた方丈様は、しばらく沈黙した後に言われました。「あなたは、自分の全てを、生も死も、何もかも仏に任せられるかね…?」「他力本願というのは、仏に頼ることじゃのうて、自分の一切を仏の前に投げ出せるか? お任せできるか?…そういうことなんですよ」…と。

そうして、一年近く通わせていただいた頃でしょうか、何となく自分の気持ちの整理もついてきたのか、次第にお寺を訪れる回数も減り、ある時、方丈様に簡単な礼状を送っただけで、何のお礼もしないままにおつき合いが途絶えてしまいました…。

それから十数年経った頃でした。ある辛い出来事がきっかけでそのお寺にお願い事をしたいと思い連絡を取ったのですが、あの方丈様は、既に他界されていたことを知りました…。私は、以前いただいた古い経本をお守り代わりに胸にして、久しぶりにそのお寺を訪れ、新しい方丈様と出会うことになりました…。自宅から車で二時間近くかかる遠方ではあるのですが、その後は、新たな御縁のもとに毎年一度は必ず、お布施と季節の菓子折りを手にして、そのお寺を訪れているのです…。

『山に籠もり、滝に打たれるばかりが修行ではない。どろどろした、日常のしがらみを「生き抜く」ことこそが修行なんだ…』と、いつも自分に言い聞かせてきた私なのですが、この禅寺を訪れるたびに、日常のさまざまなしがらみが、まるで遠い別世界のことのように感じられ、肩の力が抜け、やわらかな気持ちになって帰路につけるのです…。

18 そのままんま
～弱さ、哀しみに寄り添う～

ある休日の朝、新聞を読んでいると「人生意気に感ず」というタイトルのエッセイが目にとまりました。この言葉は、本来の意味とは別に「いきごみ」とか「気合い」「気力」などというパワーのある前向きの意味を込めて使われていることも多いように感じるのですが、その文章を読みながら、その時の私は共感とは全く反対の気持ちから、いろんなことが思い浮かんできました…。

我々が、義務教育の中で耳にたこができるほどたたき込まれてきた「努力」「目標」「忍耐」あるいは「意欲（やる気）」「自信」「積極性」などという言葉が次々に浮かんできたのです。それは学校の「校訓」であったり、政財界のトップやいわゆる勝ち組と呼ばれる著名人の口からもしばしば耳にします…。それはそれで間違った言葉とは思いませんし、状況次第では、勇気づけられることもあるでしょう。ただ、私のように日々、社会からドロップアウトした子どもたちや、うつ病をはじめ精神の病で生きる力さえも失っている人たちと接していると、どうしても素直に受け入れられないのです。自分自身の過去の体験も影響しているのでしょうが、違う世界の実感のない言葉にしか伝わってこないのが正直な気持ちです…。

最近話題になっている「相手の気持ちがくみ取れない」「場の雰囲気が読めない」といった共感性や

認知にハンディを抱えたアスペルガー障害といわれている人たちとの関わりからも、また礼儀知らずで「やる気がない」とレッテルを貼られていた学生たちに講義をしたり、一緒に演習をする中からも、そのことを強く感じてきました。彼らは自己表現やコミュニケーションの仕方が苦手なだけで、彼らこそほんとうは人一倍「求めている」人たちであり、本音と建て前が解離した教育や社会から「置き去り」にされてきただけの人たちなのではないか…と。

どんなにたくましく健康に自信を持っている人でも、人は決して「病い」を避けてはとおれませんし、いずれ必ず死を迎えます。しかし現代社会の「健康ブーム」はまるで病気を悪者扱いにして排除しているような気がしますし、そのような無菌志向の傾向は一事が万事、我々の生活全てに知らず知らず浸透し、支配されているように感じるのです。いつも明るく元気でいられること、それはとても幸せなことです。楽しく笑うことは心身の免疫力を高めることは自明のことですし、もちろん私も大好きです。しかし果たしてそれだけで生きていけるのでしょうか…？　若いときから「弱さ」に蓋をして前向きに？人生を突っ走ってきた人が、病に倒れ死を迎えようという際になっても、そんな生き方?を引きずったまま、安心できず、周囲の介護者を苦しめ、本人自身も苦しんでいる状況に少なからず出会ってきました…。我々は、人生の影の部分ともいうべき「哀しみ」や「苦しみ」に向き合い、寄り添う、あるいは「弱さ」をかみしめるということをあまりにもおろそかにしているような気がするのです。そのことを流してしまったり厭《いと》っていては、ほんとうに深い「歓び」や「うれしさ」にも出会えないのではないか…と。

あるうつ病を病んだ人と関わっていたときに、どんな言葉も虚しく思えて、何も言葉にできなかったことがあります。でも何かを伝えたい…。そのとき、ぎりぎりの状態でこみ上げてきたのは「そのまんま」という言葉でした。私はその言葉を紙切れに書いて手渡すのが精一杯でした。ほんとうは「そのままでいいよ」と言いかけたのですが、「〜でいいよ」という言葉さえ、重荷になってしまうこともあるのです。「生きる」ということはただ生きているというそれだけで十分過ぎる営みではないでしょうか…。

ギラギラした眼、輝いた眼、生き生きした眼に出会うことは多くあります。でも「静かな澄んだ瞳」に出会うことは少なくなったような気がするのです…。

19 ジャズは一期一会の音楽
～即興演奏に凝縮された理想の人間関係～

初めてジャズという音楽と出会ったのは、吹奏楽部でクラリネットを吹き始めた中学生の頃でした。それまでは、もと音楽教師だった母親に連れられて、当時では珍しかったクラシックやバレーのコンサートによく行っていましたし、クラシック・ギターにものめりこみかけていた頃でした…。しかし、ちょうどその頃来日したベニー・グッドマンの影響もあったのでしょうか、学校では決して教わることのなかった、ジャズ独特のリズムやハーモニーの世界、いやそんなことよりも、得も言われぬ恍惚の？世界が思春期を迎えたばかりの自分にとても新鮮に響いてきたのだろうと思います…。

大学に入学し、学生運動の嵐の中で荒んだ毎日、決してセンチにはならず、媚びることのないジャズは心のオアシスであり、救いでもありました。毎日のようにジャズ喫茶に入り浸っていましたが、波長の合うミュージシャンに出会うと、最初の一音で身震いが起こり、次には堰《せき》を切ったようにどっと涙がこみ上げてくることもありました。言葉にはならない気持ちを、自由に「音」を紡ぐことで表現できる世界！「これだけは信じられる」という信仰のようなものさえあったような気がします…。

モダン・ジャズ演奏の基本形態は、ピアノトリオと言われます。自らの身を削るかのように、鍵盤に生命（いのち）を注ぎ込むピアニスト…。それを全身全霊で受け止め、精一杯、自分自身の中から湧き上がってきた「音」で相手に応えていくベーシストとドラマー…。それはピアニストへの最高のサポートであると同時に、究極の自己表現になっているというミラクル！　主役も脇役もないのです。自分が自分自身になればなるほど、相手を盛り上げ元気にすることができる。ジャズには、自分自身を最大限に表現し生かしながら、言葉を超えて純粋に相手と関われるという、理想の人間関係が凝縮されているような気がするのです。ジャズの醍醐味や歓びは、こういったメンバー同士や聴衆との自由なやり取り（interplay）の中で生まれてくる即興演奏（improvisation）にあるのはもちろんですが、その一方でジャズは、静かに一対一できちんと向きあえる内省的な音楽でもあるのです。黒人の歴史を持ち出すまでもなく、切実な想いや苦しみを抱えながら、救い？を求めている人たちにとっても、単なる「慰め」ではない、内面からエンパワーされる世界に出会えると思います…。

ジャズは、黒人問題だけでなく、さまざまな歴史を抱えています。アフリカにルーツを探っても、そこにジャズそのものはありません。ジャズはさまざまな人種や民族音楽との「出会いの音楽」であり、いつも「今、ここで（here & now）」を大切にしてきた、一期一会の音楽なのです。「今」を引き受けているものは、いつの時代もマイナーなんですね…。

ジャズという音楽に深く触れていくと、「音楽を聴く」ということが、受け身ではなくいかにクリエイティヴな行為であるか！ということに気づいていきます。大切なのは、演奏することより、まず聴くこと、まず耳を澄ますことなのだ…と。

ジャズは、いつも〈バイタリティ〉と〈唄心〉、そして〈リラクシン〉を教えてくれます…。悲しくても決して「センチになんかなるなよ！」と〈バイタリティ〉を。気持ちが荒みそうになっても「うるおいだけは忘れちゃだめだよ！」と〈唄心〉を。どんなに一生懸命で切実であっても、そんな時こそ「肩の力だけは抜けよ！」と〈リラクシン〉を…。

　自分自身の心理臨床の原点も、案外こんなところにあるのかもしれません…。

第Ⅱ部
（2000年～2020年）

1 『となりのトトロ』にみる子どもの世界

今では、誰でも知っている『となりのトトロ』。どうして子どもたちは、何度も何度も飽きずに同じビデオをみるのかなあ?と不思議に思っていましたが、流行モノには素直でない私も、一度みただけではまってしまいました。

とにかく、全体を包む雰囲気、つまり時間の流れのようなものが、みているものをほっとさせるのですね。それに、カメラワーク（?）が常に子どもと同じ視線（低い目線）で描かれていて、普通なら見落としてしまいそうな、子どもならではの表情や仕草がていねいに表現されていて、思わず微笑んでしまいます。

特に、雨の夜、バス停でお父さんの帰りを待っているサツキとメイが、トトロに出会う前後の場面の「静けさ」や「間」の取り方は、最近のテンポの速いテレビドラマやアニメではほとんどみられませんし、〈ねこバス〉が現われてトトロを乗せて去っていく時の臨場感は、まさに子どもの頃に体験した、トキメキの世界に引き戻されてしまうほどのリアリティがあります。

しかし、私がこのアニメを初めてみた時に最も印象に残ったのは、トトロからもらったお土産（ドングリの実）を庭に植えた翌朝の場面です。夜中には、ドングリの実が成長してあっという間に大きな森になり、サツキとメイは一晩中トトロ家族と遊びまわるのですが、翌朝二人が目を覚まして庭に行ってみると、森こそないけれど畑にドングリの小さな芽がたくさん出ています。それをみて、二人が大はしゃぎで叫んだことば…

「夢だけど～！　夢じゃなかった～！」

こんな矛盾したことばを、なんておおらかに自然に表現しているんだろう！

つまり子どもは、矛盾が矛盾でない世界に生きている。大人は、こんな子どもの状態を「未分化」であるとか「まだ混沌としていて未完成なんだ」という捉え方をしますが、とんでもない、子どもの世界は〈完全〉なのです！　遊びの中だけでなく、いつも心の内と外を自由に出入りできる素晴らしい世界に生きているのです。それが、大人になるにつれて次第に失われていくのですね…。

もうひとつは、糸井重里（声）演じる父親が素晴らしい！　田舎の家に引っ越してきた晩に、台風がやってきます。家族三人一緒に入った風呂の中で、メイが不安そうにお父さんにもらします…

メイ　…「お父さん、お家ボロだからつぶれちゃうよ！」

お父さん…「引っ越したばかりでつぶれるのは、困るなあ…」

茫洋とした声で応えるお父さん。「これは素晴らしいカウンセラーだ！」と思いました。つまり、メイの言ったことを無視せず、きちんと受け止めているのに、決して自分の考えを押しつけていない。ただ、その時その場で「感じたまま」をありのままに返している…。私だったら「だいじょうぶだよ、造りはしっかりしてるんだから」とか「壊れたら、また直せばいいよ」などと答えていたかもしれません…。この場面以外にも、お父さんは、いつもさりげなく子どもの心に寄り添っていて、子どもの前をふさぐようなことは決してありません。「みんな笑ってみな、おっかないのは逃げちゃうから」「むか～しむかしは、木と人は仲よしだったんだよ」などと、子どもに〈伝える〉ことはあっても、決して説教じみた押しつけがないんですね…。

他にも、数え切れないほどに素敵なことが一杯詰まっているんですけれど、分析はしたくないから、そっとしておきましょう。

ただ、このアニメにはひとつだけ不満（?）があるのです。それは、この物語があまりに「古き良き時代」をイメージさせてしまうということです。離れて暮らしているお母さんも、多分昔のサナトリウムに入院している設定ですし、おだやかで母性愛に満ちたお母さんとして描かれています。みんな〈いい人〉ばかりなんですね…。でも、私は〈現代版〉のトトロの物語を描きたいのです。もちろん原作は原作として大切にしていきたいのですが、私が考えているのは、両親は〈離婚〉し、離れて暮らしている設定です。父親が二人の子どもと暮らしているのですが、夫婦間や親子のしこりは当然抱えたままです。そんな中で、二人の子ども達と父親がどのようにして心の傷（?）や葛藤を乗り越えていくのか、そのプロセスを「トトロの世界」として描き切れるのか?「きれい事」ではなく、苦しみや悲しみを生きる中でこそ、トトロの存在が大きな〈癒し〉として深い意味を持ってくるのではないかと思うのです…。

2 輝くものは いつもここに
～『千と千尋の神隠し』から～

『となりのトトロ』以来、その後も宮崎駿の作品は、ずっと気にはなっていたのですが、今回の『千と千尋の神隠し』には、なぜかピ～ンとくるものがあって、自分としては珍しく、二度も映画館に足を運びました…。

久石譲の音楽に包まれて、千尋と両親の三人が「不思議の町」に入り込んだそのシーンから、なぜかもう涙が止まりませんでした。そこは、まさに私がいつもイメージの中で描いていた「あの世」でした。それは、量子力学でいう「この世」が〈たたみ込まれた〉暗在系の世界であり、ユングのいう〈集合無意識〉の世界そのものだったからです。「この世」と「あの世」は、〈今ここに〉いつも同時に存在しているということ…。なんて懐かしい風景なんだろう！　まるで魂の故郷だ…！　海の中を走る電車は、きっと「あの世」から垣間見た「この世」のシルエットなのです…。

不思議の町に紛れ込み、誰もいない店で、とりつかれたように料理をほおばる父親と母親。千尋が必死に叫んで止めようとしても、振り向きもせず耳を貸そうともしない。気がついた時にはブタになってしまっている。ムチ打たれても、まだほおばり続けるブタになった両親が、千尋に呼ばれて振り返ったときの表情は、すごいインパクトで迫ってきます。〈飽食の時代の象徴？〉なんて理屈を超えているのです…。

これは『となりのトトロ』と違って、今現在の物語です。千尋の両親は多分「中流の上」意識を持った典型的な現代夫婦像です。「楽天的で、うまくやっていけると根拠のない自信をもっている三十八歳のお父さん」「現実的で気が強く、夫とも対等に付き合う三十五歳のお母さん」という設定で描かれているのですが、最初のシーンから、子ども（千尋）と大人（両親）の根本的なズレが、露わになります。遊び半分に、怪しい？領域に足を踏み込んでいく両親を、「もう止めようよ！」と必死で引き止めようとしながらも、一緒について行かざるを得ない千尋。母親にしがみつくようにして歩く千尋に、母親が「千尋、そんなにくっつかないでよ、歩きにくいわ」という言葉は、まさに子どもに対する無意識の生理的な乖離《かいり》（拒否感覚？）を表わしています。これだけでもう、子どもの世界と大人の世界の、越えようのない質的な違いが、突きつけられてくるようで、なぜか深い〈哀しみ〉の感情に襲われるのです…。

ストーリーはともかく、神様？たちの癒しの湯屋「油屋」での出来事の数々、その中に印象的なメタファー（隠喩）は、あふれるほどに出てきます。

《「名」を奪われると、帰り道がわからなくなる。ほんとうの名を思いだす（取り戻す）と、もとの世界に戻れるんだ。》《湯婆婆と千尋が交わす「契約」の意味》《千尋をかばってくれた少年ハクからムスビをもらい、ほおばりながら号泣してしまう千尋〜その癒しの意味》《カエル男が嗅ぎつけた人間の「匂い」とは？ ～「ヒトリ」を生きている人は決して変な「匂い」はしないもの》《近頃は（電車は）行きっぱなしだ》《トンネルを出るまではね、後ろを振り返ったらダメだよ！ ～「あの世」と「この世」のアクセスのルール？》

しかし、中でも特に印象に残ったのは「かおなし」の存在でした。彼？は、最初から最後まで、登場人物の中の「影」のような存在として、とても大切なことを伝えてくれていたような気がします。私は彼の中に、なぜか心理臨床の中で出会ってきた、多くのドロップアウトした子どもたちや、パーソナリティ障害といわれる人たちを重ねてみてしまいました…。彼は「金《きん》」だけは自分の中から取り出すことができ、それさえあれば、みんなが自分の方を注目し、だいじに？してくれる。「モノ」には何の不自由もなく、それだけで何とか生きてきた。でも自分で言葉はしゃべれないし、「あ～っ」という力のない、ため息のような声を出すだけで、自分自身の言葉も、気持ちを表現する術も知らない。カエル男を呑み込んで、カエル男の言葉でしか話せない。他人のものを盗んでしか関われない…「自分」というものがないのだ…。いつも寂しさ、虚しさを抱えてきた存在…。そんな彼にほんとうに必要なモノ、彼を癒せるモノは何だったのか…？ それを彼に伝え与えることができたのは、「そんなものいらない！」と差し出された「金」をきっぱりと拒否した、千尋だけだった…。彼は荒れ狂ったが、千尋は決して彼を見捨てることはなかった。最後に彼を託した銭婆は、まさに里親のような存在ではなかったのか…？ 銭婆の傍で、カタカタと糸車を回すカオナシ…やっと、彼の「おウチ」…彼の身の丈に合った、安心できる居場所に落ち着けたのかもしれない…。

そんな「かおなし」の存在が、物語を通して、ずっと通奏低音のように醸し出していた〈コトバにならないメッセージ〉…。この映画のもう一人の主人公は「かおなし」ではなかったのか？と思うのです…。

「あの世」で、いろんな人？たちと知り合えた千尋、でも、それらを全部捨てて「この世」に戻らなければならなかった…。宮崎監督も言うように、ある意味で、これはとても哀しい切ない物語なのかもしれません。

「この世」に戻った千尋を、何事もなかったように平然と呼びつける両親…

母親：「ダメじゃない急にいなくなっちゃ」

父親：「行くよ〜」

千尋：「お母さん何ともないの!?」

最初のシーンと同じように、叫ぶ千尋を置いて先を急ぐ両親。

「千尋そんなにくっつかないでよ、歩きにくいわ」という同じコトバがくり返される…。

「千尋！　早くしなさい」母親の毅然とした声…これが、この映画のしめくくり、最後の台詞《せりふ》なのです…。何という〈切なさ〉だろう！

何も覚えていない、何も変わっていない両親。そのまま、また平然とくり返される「この世」での日常…。ほんとに、それでいいのだろうか…？

「あの世」と「この世」…一体どちらがリアリティのある世界なんだろう！

千尋は、きっと「この世」でハクと再会できるだろう。しかし、この両親の元では難しい。両親の呪縛と葛藤の中で、千尋は表面上は「よい子」で育っていくしかないだろう。成人して結婚し、子育てが終わった頃に、ふと自分を振り返り、置き去りにしてきた大切なモノに気づく千尋。その時こそ、ハクとの「この世」での運命的な再会のステージが始まるような気がするのです…。

はじまりの朝の　静かな窓
ゼロになるからだ　充たされてゆけ
海の彼方には　もう探さない
輝くものは　いつもここに
わたしのなかに　見つけられたから

そう、「あの世」も「この世」も、全ては自分自身の中に…
全ての解答《こたえ》は「自分自身」の内にある。いや、〈既にあった〉のだと思うのです…。

3 子どもは、大人の「影」のメッセンジャー

親が子どもに「○○ちゃんて、ホントにいい子だね〜」とか「ああ今日は楽しかったよね〜」などと、おもねたように（機嫌をとるように）話しかけると、特に思春期の子どもなんかは「別に…」と白けたような態度をとることがよくありませんか？

親としては、せっかくやさしい言葉をかけてやったのにと、ムッとするものですが、よく考えてみると、ちょっと〈のぼせた〉大人への軽いカウンターブローなのではないかと思うのです。子どもの気持ちを代弁？してみると「ナニを、ひとりよがりで調子にのってんの？」という感じでしょうか。

つまり、親が子どもに気を遣って得意になっているつもりが、実は、子どもの方が、よっぽど気を遣っているということの方がよくあるような気がします。

子どもに「写真を撮ってやろう！　さあ、笑って笑って！」と、得意げにカメラを構えるお父さん、子どもの笑顔がひきつっていることはありませんか？　子どもに「写真を撮らせてもらっている」と言った方が当てはまることも少なくないのではないでしょうか…。日頃子どもと顔を合わすこともないお父さんが、たまの休日に〈子どものために〉と張り切って、朝早くから遠くのレジャーランドまでマイカーを走らせたのはいいけれど、遊具に乗るにもお昼を食べるにも列を作って時間待ち。帰りには渋滞で子どもはぐったり…。「ああ、楽しかったね〜」「ああいい景色だね〜」などと子どもに話しかけた

ところで気分よくはなりません…。

まあ、こんなのは笑い話で済みますが、児童相談所などでは冗談ではすまないことの方が多いのです。その典型は虐待を受けている子どもたちです。腕や太ももに、タバコの火を押しつけられた跡がたくさん見つかった小学二年生の男の子でした。

「誰にされたの？」と尋ねても、ホントのことは仲々言いません。父親がやったことだと明らかになった後でも「僕は、こうしてもらわないと悪いクセが治らないから」と、平然とした顔で答えるのです。つまり、生き延びるためにはこうまでして、親をかばうものなのです…いや、「かばう」という意識があればまだいいのですが、怖いのは、当然のこととして、刷り込まれてしまっていることなのです…。

家族システム論では、子どもは夫婦間の緊張をやわらげる役割をとっていると言われます。兄弟姉妹間でも「よい子役」「叱られ役」「道化役」といった役割にたとえられることがあります。そして、最も敏感に家族みんなの気持ちを感じ取りやすい「共感性の高い」子が「スケープゴート（問題児）」になっていることが多いのです。しかし、ほんとは、その子が居るからこそ、何とか家族全体の安定が保てているといった事例も少なくありません…。

子どもは、こうやって無意識に、極端に走ったり上調子になったりする大人の振り子の揺れのバランスを取ってくれているような気がするのです。

陽の当たるところには、必ず影がある。大人も自分自身の「影」の声、つまり子どもからのメッセージに、謙虚に耳を傾ける必要があるのではないでしょうか…。

4 一枚の写真から

先日、精神障害者の共同作業所の仲間たちとの懇親会で、ふと指導員の女性から「いつ頃から、この精神の仕事に目覚めたんですか？」と問いかけられて、とっさに「三歳の頃かなあ！」と答えて、失笑されてしまいました。でも、その時なぜか古い一枚の写真が、酔った？脳裏に浮かんできて、ついそう答えてしまったのです…。

その写真は学生の頃、古いアルバムから剥ぎ取って、なぜかいつも身近に置いていたものなのですが（いつの間にか紛失してしまいましたが）、その写真には、親から買ってもらった乗り物のオモチャが、庭先にいっぱい整然と並べられていて（三十台近くあったかな?）、その向こうで、額にしわを寄せ、しかめ面をして、しゃがんでいる三歳位の私が写っていました…。

そう言えば、その頃近所の子どもたちからも、うらやましがられていて、オモチャを盗られたこともあったと親から聞いたことがあります。ちょうど「マイホーム主義」という言葉が流行っていた頃でもありました…。

「そんな恵まれた環境で何の不満があったの？」という声が聞こえてきそうですが、何か複雑な気持ちが、その写真の表情に現われていたような気がするのです

まあ、これは些細なエピソードに過ぎませんが、このような何気ない幼児期の環境の積み重ねが、気

づかないうちに人の価値観やその後の人生に大きな影響を与えているような気がしてなりません。「カタチ」に苦しんだ者は「カタチ」を厭い、「カタチ」に恵まれなかった者は「カタチ」を求める…。つまり、外見からは何の不自由もないような家庭の中にこそ、根深い「葛藤」や膠着《こうちゃく》した「もつれ」を体験してきた子がいて、成人しても人付き合いは多いのに、なぜか結婚や安定した家庭生活に恵まれなかったり、逆に明らかに機能不全の家庭で放任されたきたような子が、温かい家庭に憧れて？早くから結婚して子どもを持ち、いわゆる「マイホーム」を作り上げているといった例も少なからず見てきました（すぐに離別する例も少なくありませんが…）。

極端に言えば、このような二通りのタイプの人生は、それぞれ〈幸せ〉に対する価値観が根本的に違うのです。それは環境によって「孤独」あるいは「寂しさ」ということの感じ方や意味合いが全く変わってくるからなのだと思うのです

〈幸せ〉って何だろう…？　そんな素朴な価値観（感じ方）の違いからも、人と人との心のすれ違いが起こる…。でも、その壁を越えることのできる唯一の方法は、そういう自分自身にどれだけ〈気づいているか？〉ということ、たったそれだけのことなのですが…。

今の時代、不平不満の多い人や困っている人、自分を持てあましている人にはよく出会います。でもほんとうの意味で「苦しんでいる人」は案外少ないような気がするのです。「苦しむ」とか「苦労する」というのは、単に自分自身のことではなく、人と人の狭間で（人間関係のしがらみの中で）、逃げること

なく全てをありのままに引き受けて、その「葛藤」の中で心を配り、心を痛めているその〈後ろ姿〉なのだと思うのです…。

精神障害と呼ばれる人たちの、その微妙な気持ちや苦しみは、なかなか言葉にならないし、目には見えないから、周囲に理解されにくい。親子関係等の葛藤から〈金縛り状態〉になり、気をつかい過ぎて心はくたくたになっていても、周囲からは「何もしない」と誤解され、耐えきれずに相手を傷つけてしまっては自己嫌悪に陥り、二重にも三重にも苦しんできた人たち。そんな彼らとの〈出会い〉も偶然ではなかったように思うのです…。

5 精神障害は心の病？

精神障害は、よく「心の病」などと体《てい》よく呼ばれます。しかし、どんな病気であれ、一個人の身体（肉体）の中で起こっていることですし、そういう表現は私の経験からは、むしろデメリットの方が大きいと感じています。〈精神〉を強いて身体に局在させれば、脳や中枢神経系ということになりますが、他の病気に比べて異なるのは、心理的な環境（内部、外部ともに）が大きく影響（作用）しているということです。極端に言えば、言葉かけひとつが、神経系に結果として物理的（生理的）に大きな影響力を及ぼしていると思いますし、そういう意味から言えば、情緒の問題（精神や心？）がとても重要だといえます。ただ、精神や心の病気と言ってしまうと、カタチがなく〈得体の知れないモノ〉というイメージになってしまい、誤解や偏見を生みやすいのではないでしょうか。

先般、知人が〈うつ病？〉にかかりました。周囲は「考えすぎだよ、気にするな」「気の持ちようだよ」「のんびりしたら」などと励ましたつもりですが、彼は一ヶ月近く眠れない状態が続いていましたし、そんな状態では、考えまいとしても考えが次から次へ浮かんできて（襲ってきて）不安が増大するのは当たり前なのです。つまり、発症のきっかけは別にあるとしても、今の苦しみは睡眠障害をベースとした〈身体〉の問題なのです。でも、周囲からそんな風に言われて、彼は「自分は精神病になったんじゃないか、仕事にも復帰できないかもしれない、もう終わりだ！」と、パニックに陥りました。彼自身に誤解（偏見）があったこともありますが、二重の苦しみを味わい、受診治療を遅らせる結果にもなりました…。つまり〈身体〉の病気なのに、まるでその人の心がけが悪い（人格を問われる？）ようになってしまうことが問題なのです…。

一方、分裂病の人は、よく「病識がない」と言われますが、私は厳密な意味では、決してそんなことはないと思っています（少なくとも発病時や急性期には）。健常者には理解できないレベルで生き地獄のような苦しい状態になるのですから、自分自身の不調に気づかないわけはないのです。「病感」は間違いなくあるのです。ただ、周囲から「お前は変だ、おかしい」と人格（人間性）まで否定されるような言動が耐えられないから、必死で抵抗しようとするのです。それでなくても、睡眠障害を伴っていることも多く、こわれそうなほど〈敏感な〉状態になっているのですから…。

以前、精神障害といわれるメンバーと、夏の海辺でテントを張り、一泊二日のキャンプをしたことがあります。ボランティアも含めて二十名近い人数になったと思いますが、酒類も少々用意して（心配ご無用、無茶飲みをするメンバーはヒトリもいやしませんから）、夜遅くまでダンスをしたり、花火をしたりしました。メンバーのほとんどは、向精神薬を服薬していますし、野外で眠れるかどうかという不安は人一倍強かったのですが、終わってみれば、「こんなに楽しかったことは初めてだ」「一晩くらい眠れなくたって大丈夫だった」「少しくらいお酒を飲んだって気にすることはなかった」等、みんな生き生きと話してくれました。

どんな場面であれ、相手の体調や病気に配慮することは、言うまでもなく当然のことであって、精神障害者？だからといって、「○○をしてはいけない」と言うのはどう考えてもおかしい。どんな障害があろうと、人間として当然の〈リスクを冒す権利〉がある。敢えてこういうかめしい言い方をしなければならないのは、悲しい限りですが…。

資格の時代（？）になり、最近よく「専門性とは何か？」ということが話題になりますが、そんな お題目を唱える前に、ともすれば人が人を〈わかったつもりで管理してしまう〉ということの〈傲慢さ〉や〈怖さ〉に、どれだけ本気で気づいているかということを、真剣に問うてみることが必要なのではないでしょうか。

「彼らは、こころを病んでなんかいません！」と、ある講演会の最後に言い切った、旧友の施設長のコトバを改めて思い出すのです…。

6 少しでも近づきたい
～三度目の大山登山～

今回は三度目の大山でした…。山好きだった父親と二人で登った最後の山でもあります。当時六十八歳の父親はパーキンソン病のため既に四肢の振せんが始まっていましたが、あの急な段差の続く夏山登山道を杖をつきながら登頂し、口には決して出しませんでしたが、相当なしんどさに耐えて、なんとか下山できたことを想い出します…。

今回は、精神的なハンディを抱えた人たち数人の案内役でもありましたが、みんなのことはもとより自分自身の体調が悪く、しかもこの暑さで熱中症で倒れる人たちのことがテレビ等で報道されていましたから、急きょ予定を大山寺周辺のトレッキングに変更していました。ゆっくり宿で過ごし、緑の木々に包まれて高原の石畳を歩くだけでもきっとみんなリフレッシュできるだろう、それだけでも十分だ…と。

しかし、途中で立ち寄った広大な蒜山高原に立った頃から既にメンバーの表情は生き生きと変わってきました。「この景色を見られただけで幸せ…」と、放牧されたジャージー牛と無邪気に戯れたり、白樺林を散歩する内に、私もカラダの内側から何かが回復してくる予感がしていました…。高原のスカイラインを走る車の行く手に、突然そびえ立つ大山がその富士山のような勇姿を露わにしたときです、メンバーたちが一斉に「オ~ッ！」という歓声を上げました。「すごい…！」言葉にならないようなため息の連続でした。やっぱり山の力はすごい、そこにあるだけでこれほどに人の心を動かす力があるんだ…。宿の部屋に入ると、みんなは一斉にベランダに出ました。先ほど眺めた姿とはまた違った暮れゆく大山のアルペン的な北壁を見上げて、誰からともなく「登りたいなあ…」とつぶやき始めました。それは自分自身も同じ気持ちでした。いやほんとうは自分自身が一番登りたかったのかもしれません。しかし山の経験は少ない仲間だし猛暑が続いている季節ですから、気持ちは随分揺れました…。とにかく、ゆっくり過ごしながら天候やみんなの体調と相談しながら決めよう…。

翌朝は素晴らしい快晴でした。ベランダから朝陽に映える大山北壁を再び眺めながら「行けるだけ行ってみようよ」「途中まででもいいから登りたい」「他の所には行かなくてもいいから…」というメンバーの発言で意を決しました。そうだ、無理なら引き返して大山寺周辺を散策すればいいし…でも、できれば眺めのいい六合目くらいまで登れたら…と、次第にモチベーションが高まってきます。幸い最低限の登山の支度はしてきていましたから、ペットボトルやおにぎりを買って、ついに登山開始です！

山は最初の三十分が勝負です。ゆっくりゆっくりと静かに、亀よりも遅く歩む気持ちで…山に「入らせてもらっている」ということをかみしめながら。それはカラダを馴らすというより、山と一体になるための最低限の礼儀なのです…。

どこまでも続くブナの原生林の中を、蝉の声を耳にしながら、朝の光に包まれて歩んでいきます。とにかく行けるところまで行くつもりで、全ては山の神様に委ねよう…。次第に勾配はきつくなってきますが、不思議に登れば登るほどもっと前へ進みたくなってくる…なにか言葉にならない山の霊気のようなものに導かれているかのような…。その時、それまで寡黙だったうつ病の女性がふっと口にした言葉…『登れなくてもいいから、少しでも近づきたいの…』その言葉は大げさな意味ではなく私の魂を揺さぶりました。何かが吹っ切れたような気持ちでした…もう大丈夫だ、進むしかない！　取りあえずの目標を三合目に…。

足の痛みや息苦しさを訴えるメンバーもいましたが、何人もの他の登山者に追い越されようとマイペースで遅々として歩み、コースタイムにはこだわらず十二分に休憩を取り、メンバーの荷物を互いに分け持ったりしながら、いつの間にか避難小屋のある六合目までたどり着いていました。素晴らしい眺望です。遥か眼下に鮮やかなグリーンの放牧場、その彼方に弓ヶ浜の海岸線、ガスで見え隠れする荒々しい北壁…。引き返そうなどと口にするメンバーはひとりもいませんでしたし、その上気した表情は神々しくもみえました…。

そこから一番苦しい八合目までをクリアーすればあとは素晴らしい頂上台地の風景に出会える…この景色こそみんなに見せたかった！　急坂を上りきって木道の取り付きにたどり着いた時、目の前に開けた視界にみんな言葉を失いました。特別天然記念物のダイセンキャラボクの群生とお花畑の広大な台地！「この世じゃないみたい」「別世界だ！」「歩いて上がったから見られたんだよね」…。私自身も父親と来て最も脳裏に焼き付いている風景でしたし、それをみんなと一緒に共有し体感できたことが何よりうれしかったのです。風景は連れ添う相手によって違ってみえてくる…。

長い木道を興奮気味に歩き続け、やっとの思いで頂上にたどり着くと、感激とともに、さすがにみんなのカラダから急に力が抜けていくのがわかりました。そうはいってもみんな精神科の服薬をしていますし体力的には相当の疲労だったと思います。みんなと握手を交わしても言葉になりません、ただお互いに涙がこみ上げるばかりでした…ここまで来られるとは誰も思っていなかったのですから…。

下山は登り以上に体力が必要ですし、バテて動けなくなってしまったり足を痛めてしまったメンバーもいましたが、とにかく焦らずしっかりお互いをケアしながらふもとにたどり着きました。靴を脱ぎ冷たい川の水でほてった顔や手足を冷やしていると、不思議にみんなの顔が生気を取り戻してきました。時すでに夕方の五時を廻っていました。なんと八時間以上もの間、山に入っていたことになります…。

帰りの車中では、みんな何度となく思いつめたように暮れゆく大山の姿を振り返っていました…。

数日後、みんなからの話を聞いて思ったのは、あの山からいただいた霊気やエネルギーが、歩けないほどの足の筋肉痛や身体の内側からのほてり感とともに、アタマではなくカラダの中にのこっているということです。それは「健康づくり」などといった中途半端なことでは決して得られない「心身の回復」への大きな手がかりだという気がするのです。いわゆる無茶（無謀）とは異なり、大自然の営みに波長を合わせた、とらわれのない「融通無碍《ゆうずうむげ》」のスタンスさえあれば…。

たかが大山…？　でも山は標高ではありません、山に入る者の想いの深さの分だけ、与えられるものも深いのです…。

物事に徹底して入り込んでこそ初めてそのことの本質に出会えるということ…。『酔わずして何の人生か！　狂わずして何の人生か！』…そんな言葉を改めてかみしめた山行でした。

7 平気でうそをつく人たち
〜前人格障害《プレ》?について〜

臨床心理学なんてことを業としてやってきた者は、『どんな人の問題行動にもそれなりの理由がある。生まれつき悪い人なんかいないのだ』という、いわば性善説を心の支え(?)として、クライアントと関わってきた人が少なくないのではないかと思います。私もそのひとりだったのかも知れません…。

しかし、ある時から、世の中には「話せばわかる」「誠意を尽くせば通ずる」といった次元とは異なる人たちが存在することに気づき始めました。それが、アメリカ精神医学会の診断基準(DSM-Ⅳ)で分類されている〈人格障害(Personality Disorder)〉と呼ばれる人たちです(訳語には疑義ありですが)。ここでは三つの群と十のタイプに分類されているのですが、中でも臨床家にとって最も関わりが難しく注意が必要とされる「境界性人格障害(いわゆるボーダーライン)」については、知らない専門家はいないと思いますが、私に言わせれば、専門家等に関わりを求めようとするクライアントであれば、まだ救いがあるような気がするのです。私が最も危惧しているのは、どうにも関わりようのない〈前人格障害《プレ》?〉とも呼ぶべき異質な人々なのです。

この人たちは、日常では、普通の社会生活を営んでおり、結構エネルギーもあって、表面的には明るく(上調子?)人当たりがよかったりもしますから、特別な問題が起こったときや、夫婦や家族のように親しい人間関係の中でしか見えてこないことが多いのです。この人たちの最も恐れていることは、ひとことで言えば「良心の呵責」を感じること、つまり自分自身を見つめる（内省する）ことなのです。ですから当然、誰かに自分自身のことを（本来の意味で）相談するなんて事は命がけでも？避けようとしますし（無意識のレベルのことですから「避けているという」自覚もありません）、アルコール依存やギャンブル癖といったアディクション（嗜癖）がある場合は、傍目にもわかりやすいのですが、女性の場合は買い物依存症や浪費（借金）癖といった身内以外にはわかりにくいクセを持った人も多いのです…。

しかし周囲（近親者）を最も苦しめるのは、どんなに誠意を持って話し合おうとしても、自分にとって不利な話になると、平気で相手を無視してしまったり、逆上したり「話し合い」にならないということです。つまり、他人に対して表面的には過剰なほどの同情を示したり、モノを贈ったりすることが多いのですが、本来の意味での相手の気持ちに対する思いやり、共感ができないのです。まれに「こちらの思いが通じたかな」と思っていても、翌日にはまるっきり忘れていて（乖離《かいり》？）、平然と上記のような問題をくり返していたり、それを隠すために平気でウソをついたりしてしまうのです。ある人に言わせれば「ぞっとするような怖さすら感じる」と言います…。

そうして一千万円近い浪費をくり返して、謝罪ひとつせず離婚した女性を知っていますが、もっと怖いのは社会的なけじめや規範というものがまるで認識できていないため、離婚後も自分の都合（思い）だけで、離れた（置いて出た？）幼い子どもに付きまとい不安定にさせたり、モノを買い与えるばかりの関係に取り込んでしまったりと、自分自身の空虚感を子どもで埋めようとしてしまうのです。「子どもに対するほんとうの愛情って何か？」なんてことは、決して考えません。それには、自分自身を内省しなければなりませんから。たったひとことの「ごめんなさい」も言えないのです…。子どもは不安定になり、一時期は字も書けない、着替えもできないという強迫神経症になってしまいました。このような場合、子どもはエネルギーの強い母親の方に引き込まれていき、身近で一番苦労をしている父親の方を憎むようになることも多いのです。父親は随分悩み、さまざまな関係機関や専門家とも相談しましたが、相手と話し合うこともできないわけですし、子どもを責めるわけにもいきません。父親は、せめて子どもが気を遣いすぎたり葛藤で苦しまないようにと、ひたすら他人にはわからない苦労をされていたのです…。

このような母親も、突き詰めて考えれば、乳幼児期の発達課題である「基本的信頼」の獲得に躓《つまず》き、愛着の課題を抱えていることが多く、気づくのが怖いほどに（意識化できないほどに）「深く傷ついた人」ということもできるのですが、理解はできても、現実の生活の場では、安易に心を許すわけにはいきません。いわゆる精神障害と呼ばれる人たちとは、はっきりと区別して考えるべき存在だと思います。

子どもは、いつかは父親の苦しみを理解できるようになるかもしれませんが、母親に対するけじめ？をつけようとすれば、最終的には「司法」の場（社会的枠組みの場）しかないでしょう。しかし、そのような存在を、一般社会では、ほとんど理解されていませんし、単に「性格の不一致」だとか「家庭内のゴタゴタ」で片づけられ、苦しんでいる人は少なくないのです…。

一九九六年には、米国の精神科医が書いた『平気でうそをつく人たち』という本が邦訳出版され、一時期話題になりました。副題には〈虚偽と邪悪の心理学〉とあります。これからは〈善の心理学〉だけではなく、悪は悪として、きちんと見つめる視点が必要だという警鐘のような気がしてなりません。

＊「人格障害」は、現在は「パーソナリティ障害」と邦訳されている。

8 いつまで続くエリマキトカゲ現象

～評論家はもう要らない！～

先日、大阪で臨床心理の仕事をしている友人が、発達心理の本を出版することになったらしいのですが、タイトルに「虐待」というコトバをいれて欲しいと出版社から頼まれて、ホトホト困ってしまったという話を聞きました。大袈裟でなく、今は「虐待ブーム」ですから、出版社としては本をたくさん売るためには無理のないことかもしれません…。少し大きな書店に行くと、「虐待」はもちろん、「引きこもり」「17歳の危機」などといったタイトル本、それにも増して「子育て」関係の本が所狭しと並んでいます。その上「○○症候群」といった新しい？ラベリングの本が次から次に生まれてきています。

あるブームがくると、必ずマーケット（市場）ができ、それに乗っかって儲けようという人種が出てくるのは、資本主義社会の常ですが、こんな分野の人までが？と驚くほど、子育て講演会や子育て本が雨後のたけのこのごとく、マスメディアにもあふれていることは今までになかったことです。それだけ社会の関心が高まった証拠だと都合のいい理屈付けをする人たちもいますが、私はそんなきれい事ではないと思っていますし、むしろ大変怖い状況だと危惧しています。下手をすると、これからは専門家の引き起こす「心理損傷」の方が問題になってくるかもしれません…。

仲間内では、五～六年前から「虐待」というコトバ（ラベリング）は止めるべきだと論議していました。

特に日本では、児童臨床の世界でラベリングして役に立った試しがないからです。どうしてもラベリングが必要なら、「マルトリートメント（不適切な関わり）」くらいが適当なのです。長く臨床を続けてきた人であれば、よくわかると思うのですが、今、教育現場で流行の学習障害（ＬＤ）にしたって、注意欠陥多動性障害（ＡＤＨＤ）にしたって、本来は（ＤＳＭ-Ⅳの趣旨から言えば）、支援をしやすくするための分類方法であったはずなのですが、現場では、そんなラベリングが独り歩きをしているという弊害が出始めています。元々、四半世紀前にラベリングされていたＭＢＤ（微細脳損傷）と、なんら変わっていない（原因はわかっていない）のです…。次のブームになりつつある「引きこもり」という用語？も、医学的な分類にも診断にもない〝蒸し返し〟の最たるものでしょう。

確かに「児童虐待」については、日本は法律の整備はもちろん社会的な認識も含めて、西欧諸国に比べて十年以上は遅れているといえますから、今は過渡期（啓発の時期？）として仕方ないのかなあ、〈必要悪〉みたいなものなのかなあと静観していますが、怖いのは、専門家と呼ばれる人までもが、無批判にブームに乗っかってしまって、しかもそのことにきちんと気づいていないということなのです。

つまり、人間の中には、何でも「型」にはめてしまわないと不安でたまらない人種があって、ラベリングによって相手のことが「わかった」つもりになり、次にはコトバだけがひとり歩きをしてしまい、〈目の前で〉ほんとうに苦しんでいる人たちの、切実で大切な（本質的な）問題が置き去りにされてしまうのです。その結果、喜々とした元気な？評論家や講演家？ばかりが増えて、問題をきちんと受け止め、縁の下で地道に〈関わり〉を続けていける人（臨床家、実践家）がどんどん減ってきているような気がしてなりません。数ある相談機関も単なる「振り分け機関」になりつつある、というのが私の実感です。

そういう私も、ブームのお陰で?お座敷がかかることが多くなりましたが、いつもくり返し伝えているのは、結局「スローガンやきれい事では、子どもも親も救われない」「子どもの問題は、単なる子育て論では片づかない（むしろ弊害の方が多い）」ということに尽きるような気がします。

今話題になっている「よい子」の問題もそうです。大人自身が、アタマでっかちの評論家になってしまっていて、自分自身はもちろん、目の前の〈生きた〉子どもたちと、きちんと対峙できていないような気がしてなりません。

どんなにきれいな言葉を使おうと、立派なスローガンを掲げようと、子どもたちは大人の矛盾（ごまかし）を敏感に感じ取っていますし、どんな「正論」も相手に伝わらなければ意味がないのです。

今の子どもたち、いや大人も含めて人々が暗々裏に求めているのは、ほんとうに「腑に落ちるコトバ」であり、「実感のある関わり」であり、「五感に浸みる眼差し」なのだと思うのです…。

評論家はもう要らない！　そして…さんざん弄《もてあそ》ばれたあげく、いつの間にか忘れられ放置された「あのエリマキトカゲを忘れるな！」…肝に銘じたいものです。

9 手話通訳者は、縁の下のカウンセラー！

～置き去りの聴覚障害者の心理臨床～

十七年前、身体障害者更生相談所に赴任した頃から、「ろうあ」と呼ばれる聴覚障害の人たちや手話通訳者とのおつき合いが始まったように思うのですが、それ以前に、私の母親が、五十歳ごろから突発性難聴により、いわゆる「中途失聴」といわれる状態になったことで、聴覚障害を取り巻く種々の具体的な問題に、プライベートでも直面せざるを得なくなっていました。もと音楽教師でもあった母親は、「音楽を聴く」という大きな喜びも失い、県下トップクラスの指導者でもあったフォークダンスも辞めざるを得なくなって、うつ病まで病んでしまいました。しかし、中途失聴者にとって最も切実な問題（辛さ?）は、「〇〇ができなくなった」という障害そのものに関わる問題ではなくて、大きなコミュニケーション手段を失ったことで二次的に生じてくる〈孤独感〉そのものなのだ！ということが、身を持ってわかってきたのです…。つまり、日々の家族関係の中ではもちろん、盆や正月に兄弟や親戚一同が集まって楽しく歓談していても、話の内容はほとんど何も聞こえないし、話しかけられても、いちいち耳の不自由さを説明しなければいけない。しかし、説明しても、大きな声で話せばわかると思われたり（よけいに聞きづらいのですが）、何とか一生懸命伝えようとしてくれる、相手の気持ちに気を遣って、一生懸命笑顔を作って「聞こえた振り」「わかった振り」をしなければならないのです。そして、そうしたことを積み重ねていくうちに、「周囲に迷惑をかけてはいけない」と思い始め、それが高じて、コミュニケーションが上手くいかないたびに「自分の耳が悪いから…」と自己否定するようになり、閉じ込もってしまうようになりました…。

一方で、毎日のように接する家族は、そんな気持ちを思いやって、話し方ひとつにも配慮し努力しているつもりなのですが、やはり、軽い冗談も通じないし、何でも「悪い方」に受け取って聞き違えをしてしまうようなことが続くと、どうしても事務的な最低限のことしか話さなくなってしまいがちです。周囲の方も、これではまずいと思いながらも、忙しい時などに話しが伝わらないと、つい苛立って大きな声を出してしまったり、いつの間にか存在を無視してしまったりということになってしまいます。その結果、本人はますます情報も少なくなり、「悪感情」を引きずってしまうようになり、家庭に、いわゆる「団らん」がなくなり、暗い雰囲気になってしまいがちです…。最初の頃は、家族で一緒に手話を勉強したりしていたのですが、年齢的なこともあり、なかなか進みませんし、そのうち、生活上のさまざまな雑事に追われて、それどころではなくなってしまったのです…。その頃によい(手話の)指導者？に出会えるように配慮していればよかったなあ、と反省もしているのですが…。今でも、母親は多少の指文字を覚えていることで、相手の口の動きにプラスして、話しが伝わりやすいというメリットを感じているのですから、遊び感覚であっても、手話を〝楽しむ〟という雰囲気だけで、周囲の者も随分と気持ちが楽になるし、「団らん」も生まれてくるような気がするのです…。中途失聴者への支援では、手話よりも、要約筆記や関連福祉機器の整備等に重点が置かれていますが、私は、「手話」を単に伝達技法としてとらえるだけでなく、もっと多面的な意義・効用に注目してもいいような気がしています…。

何年か前から、手話通訳者の人たちと、時々自主的な勉強会をする機会があり、私は臨床心理のスタンスで参加させてもらっているのですが、その中で、最初に驚いたことは、手話通訳者はろうあ者のコミュニケーション手段の援助者というよりも、生活全般に関わる相談員（カウンセラー）を務めている、いや務めざるを得ないという現実でした…。私自身も、ろうあの方からは、聴覚障害そのものに関わる問題よりも、むしろ精神的（心理的）問題や悩みについて相談を受けることの方が多く、そして、それが全て「手話通訳者」を通じて応じることになる、という現実！　そのため通訳者自身がカウンセラーとしての資質も高めていかざるを得ないという切実な状況があるのです。そのひとつに、通訳者との勉強会で「自分自身を識ろう」というテーマが選ばれ、皆さんと簡単な心理テストを実施して自分自身を振り返ってみようということもありました…。しかし、最も大きな問題は、ろうあの人が、精神科に受診しても、カウンセリングを受けようとしても、常に仲介者としての「手話通訳」の同伴が必要であるという現実の壁？なのです。手話通訳者を介してカウンセリングを行うなどということは、本来の意味から言えば至難の業だと思いますし、手話通訳のできる精神科医や心理の専門家を県内では知りません。私自身も実用に耐え得るような手話を会得してはいないのです…。

最近になってやっと、県外の一部の精神科病院で「聴覚障害者外来」が設けられて、手話を会得した精神科医や臨床心理士が配備されたり、心理関連学会でも聴覚障害に関わる分科会が持たれるようになったのですが、我々は専門家と称しながら、ろうあの人たちを、心理臨床の場から置き去りにしてきたと言われても、致し方ないなあと思うのです…。

今後は、単に専門家が手話の技法を会得するということよりも、ろうあ者の個性としての〈内的言語のしくみ？〉を学びながら、相談のあり方やカウンセリングについて、ろうあの人や通訳者の人たちと一緒に考えていく必要があるのではないかと思っています。ただ、大切なのは、ろうあ者であろうと健聴者であろうと、「心の問題」は同じ地平のことですから、我々の関わりや支援のスタンスは何ら変わりはないと思いますし、そのことを忘れてはいけないと思っています。

熟練した手話通訳の人たちとおつき合いしていると、心理臨床のスタンスにとても近いことをされているんだなあ、と身内のような親近感を感じることがよくあります。

例えば、私が皆さん方の前で、講義をしているときに感じた、通訳者の方たちの「眼」の集中力です。アイコンタクト・パワー？とでもいうべき、すごい視線に圧倒されたことがあります。それに、他人の話を聴く態度は、まさに「傾聴」そのもの！　まさにカウンセラーのあるべきスタンスなのです。後でそのことを尋ねてみると、手話通訳をしながら、相手の表情や身振り、つまり言葉ではないnon-verbalなランゲージやサインに、たいへん気を遣い集中しているのだということ。また、一口に「手話」といっても、ヒトリひとりの癖（個性）があり、それをしっかり見定めてやり取りしているのだと教えられ、納得できました。その上で、ろうあの人たちの、あらゆる相談を〈最初の窓口〉として受け止めておられる…。これは「すごい」ことです！

しかし一方で、〝仲介としての手話通訳〟では、通訳者自身が疑問に感じたり、伝えてはならないことだと思う内容でも（例えば、医師からのがん告知や裁判等）、「そのまま」「ありのまま」を、ろうあ者に伝えなければならないというジレンマがあり、それをどこまでどのように伝えたらいいのか？　どう表現するのか？　切実な課題であるような気がします。

熟練した手話通訳者の「手話」は、ほんとに美しい〝アート（芸術）〟だと思います。ある女性の通訳者が指文字を練習している時の、しなやかな指の動きを見ていて、ふと「シンクロナイズド・フィンガリング」という言葉が浮かんできました。〈コトバ〉と〈ココロ〉が、指先でシンクロする妙技！

「手話」は、単に技術としてのコミュニケーション手段ではなくて、手話を使う〈その人〉そのものを表現しているような気がするのです…。

10 人を援助するということは、自分自身を見つめること…

～二人の実習生との出会いから～

毎年、私の職場にも福祉系の大学から、何人かの学生が現場実習にやってきます。三週間という長期間ですから、職場内だけでなく地域の福祉現場にも出かけてもらうようにプログラムを組んでいます。その中で、いつも私が重視しているのは、精神障害者に関わる福祉・医療現場での体験です。というのも、一般福祉系の大学や専門学校等では、今もって精神保健福祉に関わる講義や実習等のカリキュラムが、ほとんど組まれていないことが多く、学生が精神障害者と関わった経験は皆無ということも少なくないからなのです…。その背景には、日本の精神科医療を取り巻く暗く長い歴史も影響していると思うのですが…。

昨年夏にやってきた二人の女子学生も、いつものように、おつき合いのある精神科病院と社会復帰施設にお願いをして一日実習を組み込みました…。彼女たちには、事前に保健所での「デイ・ケア」と呼ばれるグループ・ワークで、精神障害者と呼ばれる人たちとの関わりを体験してもらってはいたのですが、地域の医療現場に出向くということで、期待と不安?で少なからず緊張しているようでした…。

その日、夕刻になって職場に帰ってきた二人を前にして、一日の実習を振り返るために、いつものように「今日はどうだった？」と尋ねました。すると、いつもは明るい二人が急に押し黙ってしまい、うつむいたまま何も語らないのです。私は「何かあったんだね…」とつぶやくと、二人の目からポロポロと涙がこぼれ、嗚咽《おえつ》しはじめてしまいました…。私は、何となくその理由がわかるような気がしたのですが、しばらく黙って、二人の気持ちを一緒に感じとっていました…。そして彼女たちから、やっと口を開いて出てきた言葉は、「何にもできなかったんです、ただ、黙って座ってることしかできなかったんです…」「何かひとつでもいいから、利用者の人と関わりたかったのに…」と、涙が止まりません…。

落ち着いて、彼女たちの話を聞いてみるとこういうことでした…。『病院のデイ・ケアに参加したのだけれど、一緒に作業をしようとして、何度か話しかけたけれどあとが続かないし、全く関わりがもてなかった。しまいにはただ、黙ってじっと座っていることしかできなかった。何もできない自分が情けなくて、こんな経験は初めてだった…』と。もう一人の実習生は『どうやってプログラムに参加していいかわからなかった。まるで、学校の参観日に来た母親のように、ただ立っていた。でもそれでは、利用者を見張っているような気がして、何とか話しかけようとしたのだけれど、話題もみつからずおろおろするばかりだった。もし逆に話しかけられても、自分の答え方で利用者の人が、怒ったり傷ついたりしないだろうか？　また、自分がそんな言葉を言ってしまうんではないか？という不安におそわれて、何も言えなくなってしまった…』と。

私には、十分想像できていたことでしたが、私が驚き感動したのは、むしろ彼女たちが、ほんとうにいたたまれない状況の中で、そのことにきちんと気づき、ここまで真剣に、ごまかさずに受け止めているという、そのことだったのです。つまり、自分自身にきちんと向かい合っているということに…。

私は、その気持ちを伝えたうえで、「援助」というのは決して一方通行の関係ではなくて、相互作用(mutuality)によるものだということ。特に、深い病理の中で苦しんできた彼らとの関係の中では、そのことが浮き彫りにされるということを伝えました。そして、「押しつけ」にさえならなければ、その時その場での、自分自身（関わり主体）の気持ち（内面の動き）を、相手に率直に表明していくことこそが必要であり、彼らもそれを望んでいるのだということを…。私の敬愛する、ユージン・ジェンドリンという心理臨床家は、「関わりが持てない人たち」として見放された？精神分裂病の人たちと深く関わっていく中で、苦しみながら、そのことに気づき、自己覚知していった人でした…。

福祉や保健・医療といった、対人サービスに関わる人たちによく見受けられるのは、「相手が何を望んでいるのか？」「自分は何をしてあげたらいいのか？」という、一見相手中心の援助のスタンス（姿勢）です。そして、カウンセリングでいう「受容」というコトバも、誤解されやすく、何でも相手に合わせようとして、ひたすら「受け身（待ち）」の姿勢を続けてしまう人も少なくありません。しかし、（ある時期の）精神分裂病に代表されるように、一見「氷のような沈黙」を感じる佇まいの人や、周囲の全てを「拒絶」しているような人を前にしてしまうと、どうしていいかわからなくなってしまい、「相手が閉ざしているから、関われないんだ！」と考え、自分を納得させようとしてしまいます。しかし、ほんとにそうでしょうか…？　ただ、そういう状態の人と接している時に、確実にわかる（認知できる）ことは、相手を前にした時、「その時その場」での〈自分自身の〉気持ちなのです。「なんだかとても寂しい気がする」、「何でもいいから関わりたい」とか「目の前のあなたが、今とても気になっている」とか、必ず自分の内面にいろんな気持ちが次々と湧き出ているはずなのです…。つまり、「相手の気持ちを考える」ということは、逆説的ですが、実は視点を「相手」から「自分自身」にシフトすることなのです。そして、自分自身の内面の動きをきちんとみつめていくことで、自ずと相手の気分や心持ちが見えてきますし、内面に湧き出てくる自分の気持ちを、押しつけにさえならなければ、率直に〈自分自身のコトバ〉で表明していくことで、必ず実感のある「手応え」が相手から感じられてくるはずなのです…。「相手に何をしてあげられるか？（How to do?）」を考える前に、まずは相手を前にして「自分自身は何をどう感じるのか、どうありたいのか？（How to be?）」を実感してみることだと思います。「できるか、できないか」ではなくて、自分自身に「気づいていること」が大切なのです…。

暑い夏が終わり、三週間の実習を無事終えた最終日、スタッフとの別れを惜しむ彼女たちから、かわいい封筒に入った手紙を受け取りました…。

『～精神障害について教えてもらえて本当によかったと思っています。私は福祉を学ぶ者として大事なものをなくしてしまうところでした。今回の実習で私は何度も泣きましたけど、それは反省と後悔と喜びの涙でした。R病院での実習で、精神障害の方々との関わりで感じた思いと同じようなものを、これまでにも何度か体験していると思うのです。でもその思いを誰も大切な気持ちだと認めようとはしなかったし、私も適当に流してしまっていました。その反省と後悔とが涙になったのだと思います。でも

Hさんはきちんと私たちの気持ちを受け止めてくれて、大事にしなさいって教えて下さいました。本当にうれしかった…』と。

正直言って私は、今の若い人たちには、あまり期待をしていませんでした。しかし、彼女たちに出会えてほんとうによかった。彼女たちの真摯《しんし》で純粋な気持ちに触れて、忘れかけていた原点のようなものに改めて気づかせてもらい、エンパワーされたのは、むしろ私の方だったような気がするのです…。

11 彼を支えてあげたい…

～ある実習生の門出に～

前日の豪雨で浸水した博多駅周辺の朝は、泥まみれの道路や店舗の床を清掃する人たちであふれていました。宿泊できなくなったホテルの変更に戸惑っている人も少なくなかったようですが、私の招かれた結婚式のある老舗のホテルは、何とか難を免れていて、予定どおり式が始まりました…。ハンドベルの音に包まれて、ホテルのロビーからバージンロードを父親とゆっくり歩いてくる新婦のウエディング姿を目の当たりにしたときから、もうこみ上げてくる涙を止められませんでした…。

振り返ってみれば彼女との出会いから三年…でももう七、八年は経っているような気がしてならないのです。彼女もよく口にしていましたが、それほどに、この三年間が濃密な時間だったせいかもしれません。ほんとうにいろんなことがあった…。ヒトが十年かかって経験することを、たったの一年で経験してしまう人もいるということを、改めて味わったような気がするのです…。

彼女は、三年前の七月、私の勤務先に福祉専門学校の実習生として、たったヒトリでやってきました。その時の彼女は、飾り気のない、むしろぶっきらぼうな印象で、少なくとも優等生タイプの学生ではありませんでした。話してみると、気乗りしないで実習にやって来たのは明らかでしたし、学校に出るのも億劫《おっくう》だし、就職も決まりそうにないし…と前向きな?話しは全く聞かれません。しかし『この子はどこか違うなあ…』そんな、漠然とした〈何か〉を感じたことを今でもよく覚えています。彼女には、荒削りな「原石」のような鈍い光というか、芯の強い、ひたすらな〈想い〉を秘めているような佇まいを感じたのです…。

実習三日目だったでしょうか、ある専門学校の私の講義に連れて行って、児童虐待の家族病理の話を聴講させた日から、彼女の顔色、表情が大きく変わってきました。彼女の中に眠っていた〈何か〉が目覚めたような感じ…そして、翌日の精神障害者のグループワーク（デイケア）に参加してからは、彼女は何かにとりつかれたように?もうコトバをなくしていました。それを感じた私が、彼女を地域の精神障害者の作業所に連れて行ったこと、それが彼女の将来を決定的にしたように思います。彼女の中の〈何か〉が、精神障害者との出会いを導き、彼女を決定的に変えた。いや彼女に言わせれば『ほんとうの自分自身に出会えた…』ということだったのですが…。

たった五日間の実習の最終日は七夕の日でした。職場のロビーで彼女を見送る際に、彼女は「これでおしまいじゃないと思いますから…」と強い眼差しで言い切って帰っていきました…。そのとおりでした、やはり彼女はボランティアとして、今回縁のできた精神障害者の作業所に、遠方から通い続けていました。そうして当事者や関係者との出会いも拡がり、ひと月もたたないうちに、学校内で一番早く、精神障害者の社会復帰施設に就職が内定していました…。

それから一年後、私は彼女から、とても大切な告白を受けることになり、凄まじい日々につき合っていくことになりました…。彼女にとっては、サナギが蝶になるような、最後の?イニシエーション（通過儀礼）だったのかもしれません…。

彼女は、職場に入ってからも、周囲からどう思われようと、いつも自分自身の〈実感〉をかみしめながら、ただひたすら一生懸命、当事者の人たちと関わっていました。それをみていると、周りを「変える」のではなく、彼女の後姿を見て、周囲が「変わっていった」…そんな佇まいをもっていたように思います。彼女は口下手だし、要領もいい方ではありませんでしたが、彼女は、人の弱さや苦しみを自分のこととして識っている人、それをあるがままに受けとめられる数少ない存在だったように思うのです。そのことは、何よりも精神障害といわれる当事者の人たち自身が一番よく知っていましたし、彼女を誰よりも、信頼し慕っていることでわかりました…。

そんな彼女から、突然「結婚することになりました」という話を聞いたときは、耳を疑いました。もちろん悩んだ末の結論だったようですが、直接私に話すのが怖かった?らしく、メールで伝えてきました。幼なじみと交際していることは聞いていましたが、もっと先のことだろう…今の仕事仲間との絆も深まり、せっかくここまでやってきたのに…という気持ちもありましたし、彼女をこの地から失いたくないという思いもありました。しかし、彼女のひと言で、私は彼女の結婚を腑《ふ》に落とすことができたのです。それは、長いメールの中で、ふと目にとまった『彼を支えてあげたい…』というひと言でした…。どんなに立派な理想やスローガンを掲げても、たったヒトリの人を大切にできない人に、いったい何ができるだろう…！　そのひと言は、彼女がくぐり抜けてきた、地獄のような苦しみから生まれた、一粒の〈宝石〉のように輝いていました…。

彼女は、その後、福岡に転居してからも、それとなく自然な流れで精神障害の当事者や家族の人たちとの新しい出会いが始まったようですが、彼女が何をしようと、どこにいようと、人知れず悩んでいる人たちや苦しんでいる人たちにこそ必要とされる、大切な存在であり続けるだろうと思うのです…。

披露宴では、新婦側の代表としてスピーチを依頼されていたのですが、『ただ、今までどおり、何よりも自分自身の五感を大切に信じて、あなたらしく、あるがままの自然体で…』と締めくくるのが精一杯でした…。

その日は、夜遅くまで仲間との宴が続きました。彼女はこのような場は苦手なはずなのに、今までのように痛々しいほどに気を遣っている彼女ではなく、ほんとうに心から歓びをかみしめているようにみえて、心が安らぎました…。

翌朝の博多はすっかり雨も上がっていましたが、ホテルで朝刊を見て、九州各地で豪雨による大きな被害があったことを知り驚きました。

なぜか博多周辺だけは、昨日からウソのように晴れ上がっていたのですから…。

12

曼荼羅《まんだら》と中将姫の旅

～奈良「当麻寺《たいまでら》」を訪ねて～

京都での箱庭療法学会の帰り、久しぶりに奈良の妹宅を訪ねました。どうしても再訪したい寺院があったのです。それは奈良県西部、金剛葛城山系の北の端、二上山の山麓にある「当麻寺」です。その寺にある大曼荼羅と中将姫像に、なぜか無性に会いたくなったのです…。

妹の手料理で食卓を囲んだ翌日、雪の舞う奈良盆地を近鉄電車を乗り継ぎ、ひとり当麻寺に向かいました。遠くに雪を頂いた葛城山が見えはじめ、薄墨色の田園風景の彼方にラクダのこぶのような二つの頂を持つ二上山が姿を現わした瞬間、得も言われぬ感激がこみあげてきました。当麻寺は、約二十年前に五木寛之が五年間の休筆後に初めて書いた小説「風の王国」の舞台となった天平時代の古刹です。「歩く」ということの深い意味を軸として、歴史の闇に葬られた「サンカ」と呼ばれる流浪の民を現代によみがえらせた壮大な歴史小説でもあるその物語は、二上山を翔ぶように歩く白装束の女性と主人公との出会いから始まります。私の愛読書であるだけでなく、作者から直接毛筆のサインと落款《らっかん》をもらった大切な宝物でもあるのです。この小説に感動して初めて当麻寺を訪れ二上山にも登ったのは、もう二十年も前になります…。

当麻寺という小さな駅で電車を降り、冬の平日でもあるせいか人通りの少ない町並みを案内標示に従って歩き始めました。雪混じりの寒風吹きすさぶ中、土塀の多い昔のままの素朴な門前通りを、名物「中将餅」や「柿の葉ずし」の幟《のぼり》を横目にながめながら早足で歩きました。人通りは少なくても、町の佇まいや空気は凛として微塵も淀んでいないのです。身が引き締まるような不思議な感覚でした。

突き当たりの石段を登り広い寺の境内に入ると二上山が目の前に迫ってきます。興奮気味に大曼荼羅のある本堂に向かい、拝観受付をしてあの四メートル四方もある大曼荼羅の前に立ちました。中将姫伝説では、継母から妬みやいじめを受け殺害されそうになりながらも艱難辛苦をくぐり抜けて、十六歳で出家した中将姫が、蓮の糸で僅か三日間で織ったと言われています。保護のために金網が掛けてあるのですが、そばに佇むだけでもう十分なオーラが伝わってくるようでした…。

折しも今回、京都で参加した箱庭療法学会は、C. G. ユングというスイスの心理学者（精神科医）と切っても切れない関係にあるのですが、そのユングが死ぬまで追求し続けた究極の安寧の境地、それが曼荼羅だったのです…。その大曼荼羅を右方に進むとあの中将姫像があります。薄暗い小さな厨子《ずし》の中の、十九歳の時の自作と伝えられる木像は、五木自身も《大和のモナ・リザ》と表現し、「この女の表情を、おれは決して忘れないだろう」と主人公に語らせているように、無垢でいて哀しみをたたえたような不思議な表情をしているのです。千数百年以上前のものとは想像もつかない、なんて現代的な容貌と表情をしているんだろう…！

本堂の出がけに数珠を買いながら、受付嬢に、ここは五木の小説の舞台となり彼も何度も訪れていること等を話していると、「全然知りませんでした！」と目を輝かせていました。広い境内にはたくさんの堂があり、国宝級の仏像や古美術品が、すぐ手の届く場所にさりげなく、数多く安置してあるのです。こんな寺はそう多くはないでしょう。この時期にだけ特別公開されている中将姫の遺品にも数多く出会うことができました。中でも、出家した時の自分自身の剃髪で刺繍された梵字《ぼんじ》（経文）の数々には、鳥肌が立つような中将姫の想いの深さを感じました…。

同じ境内にある「中之坊」には初めて入りましたが、ここは修験道の祖、役行者（役小角）が道場として開いた、原点とも言うべき由緒ある場所なのです。「決して走るのではなく疾歩する」ということの深い意味を教えられ、比叡山の千日回峰行や熊野の奥駆けにもつながっていった、「歩き」について私が最も敬愛する人物なのです。やっと師の元にたどり着けたような不思議な縁を感じながら、誰もいない坊内を散策しました…。

帰りは、歴史的街道でもあった竹内峠をくぐり抜ける近鉄電車で大阪に向かったのですが、トンネルを抜けるとそこは大阪郊外の新興住宅地でした。振り返ると、遠くに夕陽の中に沈んでいく裏側？からの二上山のシルエットが目に入りました。二上山はたかだか五百メートルたらずの山なのですが、二つのこぶをもつその佇まいは独特の妖気をかもし出しており、周囲の景色とは隔絶された別世界のように感じられました。太古の時代から、二上山はこの世とあの世の境の山だったといいます。この山に畏怖の念を抱いていたという民の気持ちが理解できるような気がしたのです…。

たったひとつの寺から、さまざまな世界が広がり過去から未来へと縁がつながって、ひとつの「全体性」へと統合されていく…まるで縦糸と横糸を紡ぐように。これこそが曼陀羅の世界なのかもしれない…！

目に見えないイメージ（想像力）こそが人生を動かすのだということ…。なぜか『人生は自分の思ったとおりにしかならない…』といったジョセフ・マーフィーの言葉が想い出されてきました…。

13 Here's to Life!（人生に乾杯！）

チャペルでの結婚式は初めての経験でした。しかも、自分の娘と腕を組んでバージンロードを歩くことになるとは…。ただ、自分にとっては、よく聞かれるような娘との特別な別れ?を意識することはなく、控室では、冗談を言いながら、むしろ娘と婿の緊張を和らげてやる役割をとっていたような気がします…。

参列者の視線を浴びながら、ウエディングドレスの娘と紅い絨毯の上を、ゆっくりと祭壇に向かって歩き、婿に引き継いだ後、静寂の中で神父による儀式が始まりました…。その時から、私の後方の席で、しきりに鼻をすすり上げる女性らしい佇まいが気になっていました…。

私は、神父の読み上げる「聖書」の言葉の数々を、今までの自分の人生に照らし合わせながら、不思議な感覚にとらわれていました…。

ある意味では、きれい事に聞こえる…。しかし二千年もの間、崇められ利用され、良くも悪くも?歴史を生き抜いてきたコトバ…そして元をたどれば、イエスあるいはその使徒たちの、苦悩の中からにじみ出てきたコトバには、単なる教訓ではない「何か」があるはずだ…。『清濁併せ呑み、くぐり抜けてきた人のコトバこそ、人々の腑に落ちるものなんだ…』と常々思っている自分は、聖書のコトバの中に、苦しんだ人間の「濁」の部分をどれだけ感じとれるか、みいだせるか…じっと耳を澄ましていたように思うのです…。

そして、人間が遥か遠い昔から営々とくり返してきた、「儀式」の意味を…。現代は人生に「通過儀礼」（イニシエーション）を喪失した時代だと言われることも多いのですが、イニシエーションは決して、思春期や冠婚葬祭に限ったことではない。ある精神科医が『（現代社会は）家族が地域のなかに孤立し、個人が家族のなかに孤立し、個人がきれぎれに宙に浮かんでいる状態』と表現していましたが、表には現われにくいけれど、命がけで「イニシエーション」を生きている人、くぐり抜けようとしている人は、決して少なくない。むしろ今の社会では、若いときよりも人生の中年期以降になってこそ、このことが大きな意味を持ってきているような気がするのです…。

式が終わり、チャペルの外に出て色とりどりの花びらを手にして、娘たち二人の登場を待っていたときでした…。「あっ、おじちゃ〜ん！」と呼びかける声に、懐かしい響きを感じて振り返ると、それは娘の子ども時代からの友人Rちゃんでした。何年ぶりだろう！　もう十年近くはたっている…小学校時代からちっとも変わってないなあ…。泣きはらした眼をみて、式のあいだ中、ずっと鼻をすすりあげていたのは、その子だったことに気がつきました。その無邪気な表情をみていると、私はなぜか急に涙がこみ上げてきて、ただ「いろいろあった…いろいろあったからねえ…」という言葉しか出てきませんでした…。

披露宴の最後で、娘が声を詰まらせて読み上げた私に対するメッセージも、決してきれい事ではなく、辛さをのり超えてきた、ぎりぎりの気持ちが「そのまま」に伝わってきました。出席してくれた人たちも、みんなが「感動的だった！」と心から祝ってくれました…。でもそんな中で、私の気持ちの中に、なぜか今も深く温かく想い出されてくるのは、Rちゃんの無邪気でさりげない佇まいなのです…。

何も言わないでも、気持ちが通じてしまうことがある…。ただ、その人の声を耳にするだけで、さりげない横顔が目に入るだけで、気持ちが癒され、救われることがある…。

あわただしい一日を終えたその夜、独りになって棚から取り出したCDは、今年六十八歳を迎えるジャズ・ボーカリスト、シャーリー・ホーンの"Here's to Life"でした。この歌には、「人生に乾杯！」という邦訳がつけられています。しかし今の自分には、直訳？して「ここに人生あり！」…そんなコトバの方がぴったりくるような気がするのです…。

No complaints and no regrets（なんの文句も　後悔もない）
I still believe in chasing dreams and placing bets（私は今も夢を追い　人生に賭ける）
And I have learned when all you give is all you get（学んだの　あげたものしか返ってこないと）
So give it all you've got（だから　もらったものは　皆あげる）

May all your storms be weathered（嵐がみんな乗り切れますように）
And all that's good get better（良いことがみんなもっと良くなりますように）
Here's to life　Here's to love　Here's to you.（人生に乾杯　愛に乾杯　あなたに乾杯）

このアルバムには、幾度救われたことだろう…。彼女の弾き語りには、人生のイニシエーションを何度となくくぐり抜け、清濁併せ呑んできた人にしか唄えない「凄さ」と深い「包容力」を感じるのです…。

『ほんとうに、いろんなことがあった…』

でも今、こうして今日一日の出会いをかみしめながら、今までの人生をより深く感じることのできる自分がある…そんな自分に、精一杯の賛辞を贈り、そっと乾杯してやろう！

14 ほんとうの「やさしさ」ってなんだろう？

～精神科医S先生との出会いから～

精神科医S先生との出会いは、もう四半世紀前になります。私はまだ二十代前半。大学を卒業して県精神衛生センターの心理職として採用され、まだ四年足らずの時でした…。突然の人事異動の辞令にショックを受け、公務員の仕事を辞めようとしました。どうしても臨床心理の仕事を続けたくて、それができる転職先を求め歩いて行き着いた先？が、当時、大学の医学部教授だったS先生でした。精神科医でもある上司の友人でもあったので、うわさには聞いていましたが、私にとっては、それまでに出会ったことのないタイプの人物でした…。

「今、県を辞めたってしょうがないですよ。でも、よかったら取りあえず、私の仕事でも手伝いませんか？」…何となく、いからせていた肩の力が抜けた感じになりました。S先生に言わせると、自分は大学なんかにこれ以上居座る気はない。教授になったところで何の意味もないが、なっておかないとモノが言えないので一応なっといただけ。早く辞めて好きなことをしたい…と。食っていくために開業も考えてはいるが、当面、カミさんにビルの一室を借りてカウンセリングルームをやらせようと思っているので、一緒にやってみないかと誘われました。当時は、臨床心理士という資格制度もありませんでしたし、今のように社会的にも心理職がそれなりに評価され、必要とされるような場もほとんどありません。専門職？とはいえ、保険診療の枠外で開業するなんてことは、怪しい？民間療法と同列に近いことだったのです…。

私は悩んだ末、当面は公務員の仕事を続けることにしました。周囲の心理仲間も応援してくれましたし、それまで身内のように？関わってきた多くのクライアントや、障害児のお母さん方からの励ましもあって、『臨床だけは続けていかないと、自分がダメになってしまう。机について事務的な仕事だけをやっていてはいけない…』という思いで、S先生の勧めに応じました…。開設に向けてのPRや準備もあり、先生の奥さんやドクター仲間との、家族ぐるみのお付き合いが始まりました。アメリカナイズされたリベラルな雰囲気のファミリーは、自分にとってとても新鮮で心地よい場所でした…。開設後は予約に応じて、仕事が終わってから、あるいは休日に出かけていきました。当時は、県内で初めてと言ってもいいような試みでしたから、クライアントは決して多くはありませんでしたが、それでも、切実な悩みを抱えて来られる方の相談に応じ、相手が心から楽になったと涙された時などは、夜の道を車を走らせて家路に向かいながら、深い充実感に充たされていたのを今でも思い出します…。

何年か経て、S先生は定年には十年も早く大学を退職され、クリニックを開業されました。私は、いつの間にか公務員としても、それなりに心理相談等に関わるポジションを与えられていましたので、その後は週末を利用して、クリニックでの心理検査や児童・青年期の患者さんのカウンセリングをお手伝いしていいました。

先生のやり方はユニークでした。医師会には入らないで、来診者の利便を最優先に考慮して、平日に休診日をとり、土日や祝祭日は診療…。その後の先生の活躍ぶり、というより武勇伝?は、後を絶たないのですが、その頃から先生は、現代医療のあり方を痛烈に批判されていました。そのことが、いつの間にか世間でも評判となり、講演会やＴＶ出演も増え、数多くの著作が、大手の出版社から発行され、今では文庫本にまでなっています…。

私はクリニックでその日の予定を終えると、しばらく先生と歓談して帰るのが楽しみでした。しかし話題は、医療の話よりも、むしろ社会全般に関わることが多く、政治や経済にも世界的規模のスタンスで独特の視点を持っておられ、語り口は熱っぽくリアリティがあり、聞いているだけで元気をもらえるのです。

それは、患者さんに対しても同じで、診察室で患者さんを叱ったりする声が、外まで聞こえてきたりということも少なくなかったのですが、患者さんたちは先生を慕って、ちゃんと通ってくるのです…。

ある時、不登校の男子高校生と面接をしている私に対して、「話しても無駄ですよ。ほっときゃあいいんです！」と後で言われたことがありました。先生は、だいたいカウンセリングなどというコト（方法論?）はもちろん、先生自身を含めて医者や心理学者などという〈職業〉を、心底信じておられませんでした。それなのになぜ、私なんかを側においているんだろう?と、いつも不思議に思っていましたが、ある時、ひとしきり大学の心理学教授批判をされた後で、ふと「でもＨ君は違いますよ…」とつぶやかれたコトバが、アタマの隅に、ささやかな〈支え〉?として残っているのです…。もちろん、先生に面と向かって理由を聞いたら、きっと「ウチ（クリニック）にとって、都合がいいからですよ」などという答えしか返ってこないのはわかっていますし、その通りに違いないのですから…。

私とS先生は性格的には、全く異なるタイプだと思うのですが、間違いなく先生と共通するスタンスは、『我々の力で、患者さんが変わるなんてコトは、決してあり得ない』と固く信じていることかもしれません。医者や心理屋が患者さんを〈治す〉のではない。「治るものは治るし、治らないものは治らない」というのが先生の口癖でした。要するに、専門家面して傲慢になっていく医者や心理屋が、先生には許せなかったのだと思うのです。「人はみな偉そうなことを言ってるが、人は『好きか嫌いか、損か得』ただ、それだけで生きてるんですよ」と。

そんな先生は、元々大学で「生理学」を研究していた人でした。最も地味な分野です。ある出版記念パーティーの席で、どうして精神科を選んだのかというフロアからの質問に対して、先生は「自分はただ、人のカラダをいじったり切り刻んだりすることが怖かったからですよ」と笑いながら答えられたことがあります。またある時、風邪をひいてしまった私に、自ら薬を処方してくださったことがありました。その時、先生はいつもの控室で、分包された粉薬の袋の隅を丁寧に切り取って開いてくださり、「粉薬はこうやって飲むといいんですよ」と、水と一緒にそっと手渡してくださったことが、なぜか心に焼きついて忘れられないのです…。

初対面の人には、一見押しの強い豪快な先生に見えるようなのですが、私には、誰よりもナイーヴで子どものような純粋さと情熱を備えた人に映るのです…。

巷では、「理想の男性（女性）のタイプは？」などという質問に対して、「やさしい人」という答えをよく耳にします。でも、ほんとうの「やさしさ」ってなんだろう…？私は以前「間違ったときには、きちんと叱ってくれる人です」というある女性の返答を聞いたときに、なぜかホッとした記憶がありす。

先生の前では、どんなウソもすぐにバレてしまいます。そういう意味では怖い先生なのですが、私はむしろ先生の前では、「ただ、ひたすら自分に正直でありさえすればいいのだ」と開き直っておつき合いさせてもらってきました…。

S先生のことを、私は「第二の（もうひとりの）親父さん」と呼んでいるのですが、ほんとうの意味での人間の〈厳しさ〉と〈やさしさ〉を、教えてもらった人のように思うのです…。

15 恋愛は最高の人間関係
～「家族神話」解体の時代に～

先日、アメリカ合衆国での同時多発テロ事件がきっかけで、ある一冊の本を思い出し、本棚から捜し出しました。それは、約二十年前に書かれた羽仁五郎という歴史家（映画監督である羽仁進の親父さん）の書いた『君の心が戦争を起こす』という新書版のごく控えめな?本なのです。以前、蔵書を倉庫に移した時に、なぜかこの本だけは、心に引っかかるものがあって、敢えて身近においていたのですが、久しぶりに読み返してみて、新たな衝撃を受けました。

その中に「日常性という名のアウシュビッツ」という一節がありますが、その冒頭で彼は、《みんなはあまり気づかないだろうが、人間が人間の心を支配し、管理するという関係の基礎には、「家庭」というものがあるのだ。～中略～「ファミリー」は語源的には「奴隷」を意味している言葉である》と言い、家族制度の問題から、家族崩壊と心の病の問題まで〈叫び〉にも似た熱っぽさで語っています。そして、《(「愛の商品化」政策にもかかわらず、) 恋愛というのは、それをする者にとっての、大きな可能性なのだ。愛というのは、そういういろいろな外面が取り払われて、ほんとうの自分という存在がむき出しにされてしまう。そんな力をもっているものなのだ。つまり自由への、いちばん近い道でもあるはずなのだ》《こういう愛の力を、誰かが恐れている。愛によって、自分がおかれている不安な状況に気づかされてしまうことを、誰かが恐れている》と。《夫婦であろうとトルコであろうと、「金を払ったセックス」は、すべて、〝合法的〟なのだ。逆に言えば、「金で買えないセックス」は、違法なのだ。～中略～本当の愛と結びついた抑圧のないセックスも、権力によって弾圧されるのだ。要するに、セックスもまた、日常のなかのアウシュビッツになってしまったのだ》《ただ、セックスの問題は、いくら抑圧しても、どんな形にねじまげられても、それ自身で、自由と反抗の大きな可能性をもっている。このことを忘れてはならないし、支配する側もそれを知っていることを、忘れてはならない》と結んでいます…。

彼は、この本の前書きで「これは、ぼくの遺言の書なのだ」と書いていますが、彼はなんと八十歳にしてこの本をまとめていたのです…。こんな時代だからこそ、彼には、もっと生きていて欲しかった。そんな気がしてなりません…。

臨床心理というような仕事をしていると、「家族」や「夫婦」あるいは「親子」という問題は、永遠のテーマのような気すらしてくることがあります。最近は、「家族崩壊」という言葉が頻繁に使われるようになりましたが、A.W.バージェスという社会学者は、このような状況を「制度家族」から「友愛家族」への推移という図式でとらえていて、このような不安定すなわち「(家族の)解体」は必ずしも「崩壊」に通ずるものではなく、多くの場合、それは新しい安定つまり再組織化に導かれるとしています。このことを踏まえてY県立大学のN教授は、《離婚やプチ家出のような現象は、家族の安定や統合を脅かすものではあるが、それによって個人の解放が得られるならば、それは少なくとも個人にとっての問題の解決であり、離婚や家出をしないことには、問題が未解決のまま置かれることを意味する。家族の統合・安定が必ずしも家族の正常を意味しないこと、病理はしばしば統合・安定の中にこそ潜んでいることを我々は見落としてはならない》と警告しています…。

私は、「家族」について考える時、どうしても「夫婦」の問題、ひいては「男女」の問題に行き着くような気がするのです。男女の問題といえば、やはり〈恋愛〉ということを抜きには語れません。しかしながら、日本という国は（特に男性は）、どうも〈恋愛〉ということに対して奥手であるような気がしてなりません。というより、〈恋愛〉が「女々しいこと」として疎外されているような気すらするのです。その一方で、「恋愛ごっこ」としか言いようのないテレビドラマが流行り、あるいは性的な快楽ばかりが隠微にもてはやされている（踊らされている?）という矛盾に、みんな気がついているのでしょうか？

五木寛之は、二十五年も前に、精神障害の女性をヒロインにした『凍河』という素晴らしい恋愛小説を書いていますが、そのあとがきで、こう記しています。《～戦争や暴力よりも、恋愛のほうがどれだけ男子一生の仕事かもしれないと、私は思うからだ。それをいやしめるこの国の風土に、もう一度さからってみたいという気が今、しきりとする》…と。

私は、『恋愛というのは、最高の人間関係である』と、常々思っていますし、恋愛ひとつまともにできない男に、満足な仕事はできないとすら思っています。ほんとうの恋愛というのは、相手との関わりの中で、それまで気づかなかった自分の弱さや孤独、あるいは嫉妬や欲望、やさしさやいたわり等、さまざまな感情に直面し、素のままの自分自身があぶりだされます。他のどんな人間関係に比べても、ごまかしのきかない、「すごい」人間関係です。そして、そういう中で切実に悩み、葛藤するからこそ、人間としての成長や奥深い歓びにも出会えるのだと思うのです…。

私は仕事柄、たくさんの家族や夫婦の問題に関わってきた中で思うのですが、世の中は家族制度はもちろん、もう「カタチ」だけのものは、どんどん内部から解体していきつつあります。女性の方が〈気づき〉が早いようです。何も考えず、奥さんや家族にしがみついているアナタ、それに気づくことすら無視し安住?しているアナタは、大切な何かを置き去りにしてきた、そのしっぺ返しをいずれ受けることになると思います。「カタチ」だけを、いくら保持しようと頑張っても、その歪みはこじれるばかりで、それこそほんとうの「崩壊」に至ってしまうでしょう…。

今一度、血縁や枠組みを超えた「ヒトリ」に戻って、「ココロ」の絆ということを、しっかり見つめ直してみる必要があると思います。

ヒトの「ココロ」だけは、(セックスの問題と同様に)金でも力でも、縛りつけておくことは不可能なのです…。

16 私の心は海
～ダライ・ラマの言葉から～

先日、長くお付き合いしている相談者の方から、「いつも自分のイライラや嫌なことばかりぶつけたり、聴いてもらっていますが、Hさんは平気なのですか？　腹が立つことはないのですか？」と尋ねられました。その時にふと思い出したのが、チベットの高僧ダライ・ラマの言葉でした…。

随分前になりますが、ダライ・ラマが日本に招聘《しょうへい》されたときに、たまたま見ていたテレビで、講演の後にフロアーの子どもたちから質問を受ける場面があり、今でも強く印象に残っているのです。その子は多分小学生の女の子だったと思いますが、「ラマさんは偉いお坊さんだから、腹が立ったり悲しくなることはないんですか？」と尋ねたのです。とても素直でかわいらしい質問だなあと思いました。それに対して、彼は少し苦笑しながら「そんなことはありません、私もあなたと同じ人間ですから、腹が立つこともあれば、悲しくなりこともあります。ただ、私の心はたとえてみれば、海のようなものなのです。風が吹けば波が立ちますし、嵐で荒れることもあります。ただ、どんな天気のときでも海の底はどうでしょう？　深い海の底はいつも静かで変わらないのです…」と、通訳を通して答えたのです。

心理学の業界では、知らぬ人はない米国の臨床心理学者カール・ロジャーズは、カウンセラーに必要な三つの条件として、クライアント（相談者）に対する「共感」「無条件の肯定的尊重」「純粋性（自己一致）」を上げていますが、しばしば誤解されやすいのが「純粋性」という言葉です。先日も心理学を学んでいる方から尋ねられたのですが、「純粋性」の意味について『自分に嘘をついてはいけない、自分の気持ちに正直でなくてはならない』と考えられており、「相手に腹が立ったりイライラしたときに、その気持ちを抑えて我慢するのは純粋ではないのでしょうか？」というものでした。それに対して私は、相手を前にしてどう振る舞うか（応えるか）ということよりも、その時に自分の内面にどんな気持ちが湧き起こっているのかということにきちんと「気づいている」ことが純粋性であり自己一致ということではないでしょうか？と伝えました。人間だったら誰だって怒りや憎しみの気持ちが湧いてくることはあるでしょう。ただ、そのことをそのまま相手にぶつけることが純粋性とは思いません。むしろ、平静さを保とうとすることだってあるでしょうし、コントロールしようとする方が自然ではないでしょうか。大切なのは、そういう湧き起ってきたあるがままの感情や気持ちの流れ（体験過程）に自分自身がきちんと気づき、内面のどんなに小さな声にも耳を傾けているという姿勢だと思います。そうすることで相手の気持ちの自然な流れを阻害せずにいることができますし、カウンセラーも安心して流れに身を任せることができます。人の話を聴くということ（カウンセリング）は、相手というよりも、むしろ自分自身に対して心を開いておくということかもしれません…。「生きる」ということは、メンタルな意味では、日々ひっきりなしに周囲とアクセス（あくせく？）し、バランスを保っていくという、たいへんな作業です。しかし、そんな自分〈エゴ〉を静かに見守っているもう一人の自分〈セルフ〉…それがダライ・ラマのいう「海の底」なのかもしれません…。

私なんかはとてもダライ・ラマのようにはなれませんが、怒りや憎しみをとんなに強く感じることがあっても、そしてそんな自分が情けなくなったとしても、今ここで自分の中に起こっている感情に正直に「耳を澄ましている」「気づいている」ということで、取りあえずは自分をゆるしてやることにしているのです…。

17 心の安全基地
～アイデンティティって何？～

私の拙文（「私の心は海」～ダライ・ラマの言葉から～）に対して、ある方から興味深いコメントをいただきました。現実でのエピソードをまじえながら「海底の地殻変動で底が揺れたらどうなるんだろう？」という問いかけでした…。

ダライ・ラマのエピソードは、ある意味では「きれい事」に聞こえるかもしれません。あくまで健常者と言われている（あるいは思い込んでいる）人たちのレベルでのことだとも言えます。しかし、そういう意味で受け止めても、とても深い示唆に富んだ喩え（メタファー）だと思うのですが…。

「海の底」とは、心理学の視点で言えば、E.H.エリクソンの言う「アイデンティティ（自己同一性）」とも深くリンクしているのではないかと思います。自分が自分であるという根本的な存在確認…幼少期に養育者との十分な愛着関係の基に築かれる「基本的信頼」があって初めて獲得されていくと言われています。それは、ヒトリでいても安心できる、目に見えない「心の安全基地」のようなものなのかもしれません…。ただ、私が関わってきたクライアントの人たちは、むしろ自己同一性が不安定な病理の深い？人たち…つまり「海の底」がいつも地殻変動にさらされているような人たちも少なくないものですから、いただいたコメントも、むしろ当然のように感じたのです…。そういう私自身も、このような仕事?を続けているのは、未だに「心の安全基地」を求めてさまよっているせいかもしれません…。

もう数年前からおつき合いのある二十代のGID(性同一性障害)の人はその典型と言えるでしょう。身体は女性であるのに、心(意識)は幼少期から完全に男性であったと言います。風呂から上がって、裸身を鏡に映してみるたびに、気が狂いそうになったこともあると言います。考えてみれば、自分の存在を真っ二つに引き裂くような、自分の存在そのものをどう信じていいのか分からないような絶望感?アイデンティティどころか何を支えに自分を保っていったらいいのか? 彼女(彼?～以降彼と呼びます)は何度も死を考えたと言います。『…こんな自分には体が女だということは、いくら手術をしても、一生つきまとう絶望です。絶望って…違うかも。なすすべなく立ちつくした感じ、一番ほしいものが最初から手に入らないとわかっている憎しみ、悲しみ。ありのままの自分でさえいられないんだ。ほんと、なんなんだよってため息が出ます。戦いようのない悩み。こんなもの、何の役に立つんだろ』…彼からの手紙です。性転換に反対する母親との凄まじい確執や自分自身の葛藤をくぐり抜けて、彼は今、莫大な費用のかかる性別適合手術に向けて、故郷を遠く離れ、ガイドラインに添ったカウンセリングを受けながら、厳しい労働環境の中で資金を貯めているのです…。

また、以前相談を受けた、ある四十代の男性は、あらゆる?病院や相談機関を渡り歩き、精神科で使われる「統合失調症」以外のおよそあらゆる病名(解離性障害、人格障害等)をもらっていましたが、面接した後日こんなメールをくれました…『…そう、私には見事なほど実体がないのです。愛することのリアリティや生きてるハートのコアがまるで抜け落ちているのです。アイデンティティがないから、所詮お手軽で希薄な誰かのニセモノにすぎないんですね…。魂の吹き込まれたあのピノキオの話を思い出させて。にんげんになりたい。本当に、そう思います』と。彼は「自分がない」「存在そのものがない」とよく言っていました…。私たちは、よく「自分を生かす」とか「自分を見失う」などという言葉を当たり前のように使っていますし、臨床心理学の世界でも「セルフコントロール」だとか「アサーション（自己表現）トレーニング」などと小ぎれいなことを言っていますが、所詮は、ちゃんとよって立つ「自分」というものが大前提にあるじゃないか！と彼からのメッセージが聞こえてくるようです。彼にとってのアイデンティティとは、きっと命がけの問題なのだと思います…。

ダライ・ラマ十四世は、単なる？お坊さんではなく、政治的レベルでも想像を絶するような苦難や危機をくぐり抜けてチベットを追われインドに亡命している人ですから、私にとっては彼の言葉は決してきれい事ではなく、深く腑に落ちるものがあるのです。

彼の姿は、映画やテレビ等で何度か目にしてきましたが、人々と接する姿はユーモアにあふれ、ほんとに気さくな隣のおじさんのような印象があります。でもこれこそが、「ほんもの」の姿かもしれないなあと思うのです…。

18 出会いへの道

〜エンカウンターグループの試み〜

私が講師を務めたセミナーが縁で、ある中年女性からアクセスがありました。カウンセラーのトレーニングを十分に積んでこられた資格を持った方なのですが、都市部で受けてきた今までのワークショップやトレーニングには飽きたらず？今一度「傾聴」という原点にかえって継続的な学びをしたいということでした。四人の仲間の方に初めてお会いした印象は、保健師さんや教師など職種はさまざまですが、そういった属性の「匂い」を全く感じさせない人たちでした。話していると、それぞれの方の個性が浮き彫りになってくるようでいて、その背景に共通した深い想いが強く感じられました。それは、単にカウンセリングのスキルアップをめざそうといった肩肘張ったものではなく、ほんとうの自分自身と出会うために、身近でもっと腑に落ちるような具体的な学びをしたいという、（内面の想いは強いけれど）自然体でとてもやわらかい佇まいだったのです…。

私は、いわゆる専門職集団というものが苦手ですし、プライベートではむしろさまざまな異業種の人たちとの関わりの方が多いのです。心理学の世界でも、巷では「心の時代」「資格の時代」とやらで専門家や資格をめざす人をターゲットにしたセミナーやワークショップが手を替え品を替えマーケットの獲得に花盛りですが、どんなに立派な知識や技術も、日常の中で役立ち、腑に落ちるものでなければ意味がないし根付いてはいきません。どんなに病理の深い人たちに対しても、また近所のおじいちゃんやおばあちゃんに対しても通じる「何か」、腑に落ちる「何か」が必要なのです…。

世話人の企画で、まず公開セミナーが開催されました。参加者の中から賛同した想いを持った人たちは予想以上の15名の申し込みがあり、三ヶ月後に、いわゆるクローズドグループとして前期第1回の集まりを持ちました。このグループの特徴は、あらかじめ決めた目的や目標を持たないということです。参加者はそういった社会や教育、人間関係には、行き詰まり（限界）を感じてきた、ある意味でうんざりした？人たちであり、この会は参加者みんなが「その時その場で」作り上げていくものなのです。ひとことで言えば『主体的でありながら、流れに任せていく』という現代の日本人が最も苦手とするアプローチかもしれません（ある意味ジャズの即興演奏にも似ているなあと思いますが…）。臨床心理学では、半構成的なエンカウンター（出会い）グループという呼び方になるのかもしれませんが、そんなことすらどちらでもいいというところからスタートしました。

ファシリテーターだけを毎回決めて、あとは成り行き次第です。ユニークな自己紹介から始め、「今日ここでしたいこと」を話し合っていきます。心身のウォーミングアップ、グループワーク、ロールプレイ等を取り入れながら参加・体験的に進めていきます。リーダーはどこにもいませんし、誰かが会を引っぱっていくようなこともありません。私が担当する「ミニ講座」も、あくまでその時その場の流れの中で生じてきたものにコミットして行います。みんな日々の生活の中でそれぞれに深い悩みや想いを携えて参加されていますが、自然なゆったりした流れの中でさまざまなワークを行いながら、黙っていてもいいし思い切り泣いてもいい、何ものにも縛られることなく安心して自分自身で居られる…そしてそのことを共にシェアできる時間と空間があるのです。約四時間のワークが終わる頃には、参加者それぞれが、自分なりに（誰にも侵されることなく）、個別の「気づき」やサムシングを大切に持ち帰ることができるのです…。

「エンカウンターグループ」は、元を辿れば米国で発展してきた、心理療法的なグループアプローチです。多民族国家である米国は、孤独？を感じやすい風土があり精神分析等の心理療法的な関わりを求める人たちが多いと言われています。日本は表面的にはボーダーレス社会などと言われながら、未だに家父長制度やムラ社会的な風土を引きずっており、本音とたて前を使い分けた人間関係の中で生きている…言い換えれば内と外が解離した状況です。要するに、ほんとうの意味での「孤独」を育てる風土がない。そのため周囲に気を遣い過ぎることはあっても必要なアサーション（自己表現）すらできない人も少なくありません。安心できる適度な距離を持って深く関われるという人間関係やグループワークには馴染みにくいのかもしれません…。

我々を乗せたこの船（グループ）はいったいどこへ向かっていくのか…？　心地よい緊張感はあっても、なぜか不安は全く感じないのです…。

＊十五年前に出立したこの船が、現在の学び塾「ホーリー会」につながっています。

19 「属性」はいつか失われる…

~ニュートラルな自分であるということ~

人は、さまざまな「属性」を持って生きています。家庭では、母親であったり、父親であったり、（親の）子どもであったり、職業人としての自分、資格や技術を持った自分、また、個人としても、年齢や性別、病気や障害等、「属性」の綾の中で生きている、といっても過言ではないでしょう…。

確かに、生きていくうえで、「しがらみ」と言った方がいいような、わずらわしい「属性」もあります。しかし、人は往々にして、行き詰まったり追いつめられたりすると、物事を自分の「属性」で解決しようとしてしまう、いや、むしろ「逃げ場所」にしてまっているような気がするのです…。

幼い子どもを何日も家に放置していたある女性は、児童相談所が子どもを一時保護しようとすると、「私は、この子の母親なんだから」と、「母親」という属性を持ち出して拒否しました。妻から離婚話を持ち出された、ある中年男性は、自分自身を振り返ることもせずに、自分は一家の「主人」であるという属性で、妻を暴力で押さえつけようとしました。職場でもよくあることですが、仕事上の問題に限らず、部下のプライベートなことまで、名刺上の「役職」という属性で、人をコントロールしようとしてしまう人もいます…。しかし、「属性」はいずれ必ず失われていきます。人間は年齢を重ねていきますし、いつまでも元気盛んでいられるわけではありません。母親面、父親面をしていても、子どもはいつか離れていきます。いつか定年退職もくるでしょう。名刺上の肩書きだけで生きてきたアナタ、「現役」でなくなった後に何が残るでしょう？　アナタの日常を縁の下で支えてきてくれた伴侶も、いつまでも側にいるとは限りません…。

しかし、今私が一番気になっているのは、福祉や保健・医療分野での専門職といわれる我々自身のことなのです…。

私の敬愛する、精神障害者と深く関わってきた心理職の旧友が、ある時、私に電話してきて言いました。『臨床心理士？…まるで夜店で買ったアクセサリーみたいな資格だな。「プロ」として生きるということは、（資格ではなくて）やった仕事で認めさせていくことだ。今は、まるで「心のバブル」の時代だよ。これからは、専門家が引き起こす心理損傷が問題になるだろう』…と。彼の言ってることは、極端に聞こえるかもしれません。しかし、これは心理職に限ったことではありませんし、決して無視できない重要なことだと思うのです。特に医療や福祉に関わる〈資格〉というのは、ここまで人々が孤立化し分業化された社会では必要悪？みたいなもので、不特定多数の人と関わるときの入り口としては、確かに便利です。しかし、ただそれだけのことだと思いますし、問題は、そこから後のことなのです。

人は、ほんとうの自分自身に直面する（みつめる）ことを避けるために、突然「仕事人」の顔になったり、「親」の顔になったりします。そうして、知らず知らずのうちに人をコントロールし、管理してしまっている。それは、今の「福祉」が相変わらず〈対象者あっての福祉〉つまり〈対象者あってのワタシ〉という図式から抜けきれていないことにも現われているような気がするのです。そのため、精神科領域ではよく見受けられることですが、「支援・援助」というワークが、〈アダルトチルドレン〉という言葉に象徴されるように、単に相手と「共依存」を起こしているだけのこともありますし、「本人のためを考えて…」という無意識？の管理であったり、「相手に何かしてあげられる（させてもらう）ワタシ」などという、スローガンや理念に振り回されてしまっていて、実は自分自身の空虚さやコンプレックスを無意識で埋めている作業であることも少なくありません。そして、そういう関係は必ず行き詰まり、ハンパのまま相手を手放す（断ち切る）という、無責任な（ときには無惨な）結末になる例も少なからずみてきました…。

「仕事が忙しい」という言葉も、最近、福祉や医療関係者からよく耳にします。求められる人ほど忙しくなるのは当然ですし、自分で忙しくしているだけの人もありますが、無意識のうちに（平気で）「仕事を免罪符にしてしまっている」ことほど怖いことはありません…。どんなに忙しい人でも、本物にはどこかリラクシン、つまりホッとできる〈静かな佇まい〉が感じられるものです。それは、薄っぺらなアイデンティティや自分の「属性」にとらわれていない、つまり「属性」から自由であるからだと思うのです。大切なことを相談するのなら、そういう人にしたい…と私なら思います。

長年、福祉に携わってきたある著名な人と話している時でした。知識も情報も豊富な人でしたが、なぜか「その人自身」と話しているという実感がどうしても湧いてこないのです。その人と話しているというより、その人の背後に「のっぺらぼう」が大勢みえてきました。何ともいえない〈騒々しさ〉が、その人を操っている（支配している）のです。私は、今ここで、〈かけがえのないアナタ〉と話しているのに、アナタは単に不特定多数の「のっぺらぼう」たちの通り道、いや化身に過ぎない。『私は、アナタが〈知っていること〉を聞きたいのではないのです…アナタ自身に出会いたいのです！』

人は、自分の弱さから「属性」にしがみついてるような気がするのです…。「属性」から自由である人には、いつも「ヒトリ性」が感じられます。「所属する職場の、あるいは○○の技術や資格をもった〈ワタシ〉」ではなくて、「〈ワタシ〉がたまたま所属している職場であり資格」という在りようです。「ヒトリ」ということの意味は、〈孤立〉することとは全く異なる次元のことです。いつも自分が「属性」にとらわれない、〈素のままの自分自身〉であるということなのです。だからこそ、ほんとうの意味で人との素晴らしい〈出会い〉が起きるし、本物にも出会えるのだと思うのです。

「ヒトリ」である人には、不思議に「生活臭」というか〈匂い〉というものが感じられません。〈匂い〉とは結局その人の「属性」なのかもしれません。

街の中でも、仕事のまっただ中でも、「ヒトリ性」に覚知していれば、いつも同じようにニュートラルな自分でいることはできる。自分の「属性」をアイデンティティにしていると、何か自分にとって不都合があるたびに、「属性」に逃げ込んでしまい、自分自身をみつめる（対峙する）ことができなくなってしまう。「属性」にしがみついているうちは、ほんとうの自分自身には出会えない…。

私の愛読書である、岡野玲子が描く『陰陽師』の中の一節です。

〜悪鬼悪霊鬼神に向かう時には、敵であっても味方であってもいかんのだ。…「必ず調伏せむ」などと、力をこめるのはかえって危険なのだ。…神も含め、鬼神悪鬼悪霊にたいする時、この身は常にニュートラルにしておかねばならん。可でもなく不可でもなければ、たとえ周囲でどのような事象が起ころうとも、我が身は風のように自由でいられる。〜

好奇心や憧れで、インパクトのあるもの、華やかなものに目を奪われているうちは本物には出会えない。真実は、いつも我々の足元でひっそりと佇み、「静けさ」に包まれている。喧躁の中でこそ、そんな真実の〈佇まい〉に、そっと気づけること。それが「愛」というものかも知れないと思うのです…。

20 悩みとは何か？
～問題の解決から解消へ～

「悩みとは、抱えている問題と距離がとれなくなった状態のことをいう」と言った心理臨床家がいます。確かに言い得て妙だなあと思います。ある時、重度の？摂食障害の娘さんのことで相談会に来られた中年のお母さんがおられました。もう十数年も患っていて、ほとんど外にも出られない…等々、涙ながらに話され、「自分はもう首を吊って死のうと思っているんです」とまで言われました。しかし、一時間余り、ひたすらそのお母さんの話に耳を澄ませ聴いているうちに（もちろんある程度の助言もしたとは思いますが）、ある瞬間、ふっと力が抜けたように緩んだ表情を見せられ「なんとかやっていけそうな気がします、ありがとうございました…」と言われ席を立たれました。まるで問題が解決でもしたかのように…です。でも、家に帰られたら、相談にくる前と何も変わらない娘さんがいらっしゃるのです。一体何が変わったのでしょう…？

もちろん、いつもこのように面接が進むとは限りませんが、これに近いことは相談場面でしばしば起こるのです。つまり、そのお母さんは、相談に来られたときは、多分問題が自分の真ん前に上から覆い被さるように感じられていたと思うのです。しかし、苦しい気持ちに寄り添い「傾聴」してもらうことで、自分の抱えている問題と次第に距離がとれるようになったのだと思います。そうすると、問題は小さくなります。小さくなれば、どこか棚の上に置いてみたり、あるいはポケットの中に入れてみたりと、コントロールしやすくなります。そうすれば自ずと感情自体もコントロールしやすくなるということにもなります…。つまり問題を自分の真ん前から自分の横（サイド）に置き換えることができるようになるのだと思います。このように「前を空けてあげる」と、人はとても気持ちが楽になるものです。人はいくら立派な考え方を学ぼうと、いい助言をもらおうと、自分自身の気持ちが楽にならなければ（肩の力を抜かなければ）決して半歩も前には進めませんから…。

自分自身のことで言えば、私はなるべく自分の真ん前にそれらの問題や悩みを置かないように心がけています（もちろん一時的にはそうなってしまうことはありますが…）。ひたすら横に並べるのです。自分の両サイドには、もう先が見えないくらい多くの悩みや負い目?がずらりと並んでいます。そして歩む方向を変えるときは、それらも一緒に（自分の前に来ないように）方向転換します。だいじなのは、決してゴミ箱に投げ捨てたり、蓋をして封印をしたりしないことです。そんなことをすると、必ずいつかとんでもないときに突然飛び出してきて大怪我?をしてしまいますから…（笑）。しかし横に置いておくと、何かの機会に、ふとその問題（悩み）の「意味」が見えてきて、自分自身にとって大切な気づきが生まれたり、深い安堵感が訪れることがあるのです。悩みはだいじな自分自身の一部なのですから…。

問題はある意味では決して「解決」することはありませんし、なくなることはありません。しかし、問題を「解消」することはできるのです。それが「人間」という生き物の面白さでもあるのかもしれません。家族療法家である私の先輩は「問題が問題なのではなく、問題の解決（の方法）が問題なのだ」

と言っています。そういう意味でも、いつも自分の気持ちをスピークアウトできること、スピークアウトし合うことはとても大切なことだと思いますし、「三度の飯よりミーティング」をモットーにしている北海道の「浦河べてるの家」（精神障害者の共同生活拠点）のスタンスにはとても共感しています。毎年開催されている「全国幻覚妄想大会」ではグランプリを決めて表彰までしてるようですが、そこにはからっとした明るさや笑いすら感じられてきます。いわゆる薬物療法よりもむしろ「クスリになる」そうなのです。人間同士のやってることは全て、その「内容」より「やりくり」によって動いており成り立っているということなのだと思います…。

21 身体感覚を取り戻す！

幼い子どもたちや、動物の眼はどうして、こんなにきれいで澄んでいるんだろうと思うことがよくあります。それはきっと、彼らが、いつも「here & now（今、ここで）」を生きているからなのではないでしょうか。でも、いわゆる「大人」になるにつれて、眼に陰りが出てきたり曇ったりしてくることが多くなるのですね。つまり、時間の概念が育ってくるに従って、「今、ここ」だけで生きることは難しくなります。いい意味でいえば、過去は「想い出」となり未来は「希望」につながりますが、裏を返せば、過去は「後悔」となり、未来は「不安」で一杯になるというネガティブな面も生じてきます。そうして、眼も表情も暗くなったり複雑な様相になってきてしまうのかもしれません…。

私は、臨床の現場では、いつも「here & now」というスタンスを大切にしています。相手の過去や原因を掘り返したり、人格に触れるような面接やセラピーはほとんどしていません。あいまいな「心」を扱うよりも具体的な「行動」から変えること、つまり身体感覚や五感の働きを取り戻すアプローチがほとんどなのです。しかし、「身体感覚」という、そんな当たり前のことが、頭でっかちになっている現代人にとってはとても難しいことになっています。今はやりのスピリチュアルな次元を考えてみることも大切ですが、その前に我々は、この「肉体」やさまざまな「欲求・欲望」を抱えて生きているということを今一度再認識する必要があるように思います。生命体は、元々必然的に「生きよう、生きよう」

としているのです。全ては、神様が作った?自然な在りようです。そこから逃避しようとしたり、逆に囚われてしまうのではなく、私は、今こそ、この「肉体」や「欲求・欲望」をきちんと受け止め、向き合い、慈しむことがとても大切な時代になっていると思うのです。スピリチュアルな次元へも、この限りある「肉体」や生々しい「現実の生活」というチャネルをくぐり抜けてこそシフトできるのではないか…と。

最近はさまざまな福祉・教育現場や企業等で「メンタルヘルス」のお話をする機会が増えてきましたが、いつも矛盾を感じていることのひとつが、誰もが知らず知らず、失敗をしないように強迫的に「防衛的な」生き方をしているということです。メンタルヘルスをはじめ「健康づくり」などということもその典型でしょう。社会的な問題は別にして、それらの背景にあるのは一言でいえば漠然とした「不安」であり、知識や情報でオーバーフローした「アタマ」への過剰な依存（嗜癖）と身体への「不信」です。

私は幼少期から「歩く」ということが、苦しいときや哀しいときの「救い」でもありましたが、時には限界を超えるような山歩きやひたすらなハードウォーキングにこそ魂に響くような感動や自分自身との深い出会いがあったような気がします。比叡山の千日回峰や熊野の奥駈けなどはその典型かもしれません…。

人間に与えられた「死」をも超えた能力?、つまり生きる「歓び」とは、「もう死んでもいい！」と思えるほど何かにコミットできるということ、つまり「一体感」だと思います。身体感覚でいえば、「触れること＝触れられること」という二重感覚的な触覚の「融合感」であり、それこそが「here & now」

の究極かもしれません…。

飛び込んでみなければ、みえないことがある。飛び込んでみて、初めてみえてくることがある…。子どもは考える前に、飛び込んでいく…

心と体が乖離した時代に、子どもたちに学ぶことは尽きることがありません…。

22 大切なことは、自分の足もとに…

～「気づいている」ということ～

人との関わりや援助関係の中で、最も大切なことは、相手よりもむしろ「自分を見つめる」「自分と向き合う」ことだと私は考えています。ただ、こういう言い回しは誤解?を生じやすいので、私は、「自分に寄り添ってみる」という風に言っています。「見つめる」とか「向き合う」という言い回しは、どうしても肩に力が入いってしまい、「～すべき」「～しなければ」と、自分を分析したり説得したりしてしまいがちだからです。

特に福祉や対人援助という仕事に関わっていると、他人に対しては、やさしい言葉かけや気持ちを持つものかもしれませんが、こと自分自身に対しては、ほとんどやさしい働きかけをすることはないような気がするのです。「自分に寄り添う」ということは、そういう意味で、自分自身に対しても大切に接してやるということなのです。いくら、いい考え方を学ぼうと、いい助言をもらおうと、自分自身の気持ちが「楽」にならなければ、決して前向きにはなれないし、何も変わってはいきませんから…。

しかし、本来の意味を取り違えて、「自分とは何か?」「自分の生きがいは何だろう?」「(自分は)はたして自己実現しているのだろうか?」などと、理屈で追求?してしまうと、アタマでっかちな〈観念の呪《じゅ》縛《ばく》〉、つまり「自分自身へのとらわれ」に陥ってしまい、身近な大切なことが目に入らなくなるおそれがあります。それが、今、流行の心理学の盲点のひとつであるような気がします。

人知れず苦しんでいる人、大切な伴侶や子どもが無言の内に発しているメッセージ、今きちんと手をかけなければいけない家族のこと、そんなサイン（存在）に気づかず、目の前の現実やしがらみを置き去りにして、いくらやさしい？気持ちになって、自分自身を見つめ、自己実現を考えても、それは、足もとの小さな「スミレの花」を踏んづけてしまって、遠くの景色にいい気持ちになっているのと同じことではないでしょうか…。忘れてはならないのは、我々は、どんなときも（例えひとりぼっちでいようと）人との「関わり（関係性）」の中で生きているということなのだと思います…。

ゲシュタルト療法やトランスパーソナル心理学をはじめ、さまざまな心理臨床家が、結局、口をそろえたように大切にしているのは、『今ここで（here & now）のことに「気づいている（awareness）」』ということであり、それが全ての前提になるような気がします。自分の生きがい探しに奔走したり、自分を理想の人間に変えていこうとすることが大切なのではなくて、今、自分の周囲で起こっていること…目の前に居る相手の気持ちや自分の気持ち、そんな今ここで起こっていることを謙虚に「感じとっている」こと、そして「気づいている」こと。そうすれば、自ずと、今自分にとってやるべきことや、必要なことは見えてくるものだと思います…。

理屈や説明の前に、まずは静かに耳を澄ますこと…。きちんと気づけていない人からは、決して他人の腑に落ちる言動は生まれてこない…。

How to doではなくHow to be…そんな「在りよう」、そんな「佇まい」こそが、人の気持ちを和らげ、癒すのだと思うのです…。

23 清濁併せ呑んだ音楽
～ジャズミュージシャンとの出会いから～

若い頃から、さまざまなプロのジャズミュージシャンと交流してきた。今は心理士という仕事に運命的なミッションを感じてはいるが、思春期の頃から音楽の道を志していた自分にとって、全く「コトバ」を介さず、ただ「即興演奏」を通じて自由に深く語り合える彼らがうらやましくもあった。二十代の頃から年に数回、ジャズクラブの仲間とライヴをプロモートしながら、初めて会う彼らとジャズという同じ時空間を共有するだけで、何の説明も要らず全てが通じてしまうような、そして子どものように無邪気で、ありのままの自分になれる安堵感と高揚感があったからだ…。

あれから数十年…またライヴのプロモートをすることなど考えてもいなかった…。

《A．Sソロピアノライヴ　Sonority of Piano+》

最初に彼のピアノに触れたのは約十年前だ。長年ジャズを聴いている私も知らないピアニストだったが、心のひだに深く染み入るような音色やフレーズはもちろん、「間」をいつくしむように、ひたすらていねいに音を紡いでいく「後ろ姿」に心を打たれたのだ…。

その後も彼の作品をフォローしていたが、心惹かれるミュージシャンの新譜のＣＤを買うたびに、なぜか彼がピアノで参加しているという偶然…それもクレジットを見る前に、ピアノの音色を聴いただけですぐに彼だとわかってしまう！…という出会いが続いた。

そんな中で、元職場の同僚でもあり、アマチュアジャズボーカリストとしてステージにも立っているSさんが、これまた偶然にも彼と親交があることを耳にし、驚きと同時に、全国ソロツアーでブッキングの依頼を受けたがどうしようと相談された。とても偶然とは思えない「縁」を感じて一緒に引き受けようと即答してしまった…。自分にとって、ネームバリューではなく、自分自身の耳と感性だけでフォローし続けたジャズミュージシャンは、ほんとに数少ない。でも、だからこそ一肌脱ぐ気になったのかもしれない…。

今回のライヴは、自分にとっては、なぜか生前葬のような感覚があった。もう二度とこんな機会はないだろう、こんな面倒なことはしないだろうな、と準備を進めてきた…。

ところが、そんな矢先、それまで抱えていた身内の問題がスパークしてしまい、それどころではない焦りと、切ないキリキリとした胸の疼きを抱えながら、当日を迎えることになってしまった…。

いよいよ出会いの日…ライヴハウスの前でSさんと同伴した彼と握手を交わす。

会場でスタッフと打合せを済ませると、彼は早速リハーサルに入った。自分はリハーサルには必ず密着するのが常だ。そこには、ミュージシャンの流儀、ナマの姿、影の佇まいがみえてくるからだ。

彼が、おもむろにピアノに向かって弾き始めたのは、ジャズではなく、まるでバッハの対位法を彷彿とさせるクラシカルな旋律だった。それを彼は、ピアノの反応を確かめるように、タッチを変えたり、極端なほどの強弱をつけたりしながら速弾きし続けた。あとでモシュコフスキーのエチュードだと教えてもらったのだが、彼は、初めて出会うピアノと瞑想するように向き合い、互いの「気」を整えていたのだ。既にリハーサルで、彼という存在にぐいぐいと引き込まれていく…。

そして、リハーサルを終えた開演までの時間、階下のカフェで珈琲を飲みながら、彼と二人だけで、生涯忘れないであろう白日夢のような時間を過ごす流れになった…。

彼は、高校時代には、大学で心理学を学んでカウンセラーを志していたことを識り、驚いた。逆に自分は高校時代に、音楽の道（クラシックギターの演奏家）を志して、高校を中退しかけたこともあり、今でも生まれ変わったら彼のようなジャズピアニストになりたいと思っている。今生でやっている講演もどき?やワークショップは、楽器の代わりに「コトバ」をツールにしてライヴをやっているようなものだ。自分にとっては、臨床の場での「聴く＋訊く」というやりとりがインタープレイであり、楽器では「音色」を大切にしているように、「言霊」を音色として大切にしている…。お互いにツールは異なるけれど、本番になれば、まるで取り憑かれたシャーマンかチャネラーのようなことをやっているのは同じだよね！と共感。来世では、お互いの仕事が入れ替わってるかも、ひょっとしたら家族になってるかもね…と笑いあった。彼は決してコトバは多くないけれど、まるで楽器でインタープレイをやっているような、心地よいノリで会話がよどみなく続き、あっという間に合体、昇天した！

彼は、ライヴが始まると、ただ自分の弾きたいものを披露するだけでなく、さりげなくエンタテイメントし楽しませてくれる配慮を欠かさなかった。ＭＣにも彼の飾り気のない人間性がそのままに現れていた…。ピアノの調律等、不備もあったのだが、ブログにも書いてくれているように、むしろそのことを逆手にとって生かすという彼の姿勢には心打たれた。

「出会い」とか「相手を識る」ということは、その人の情報量ではない、相手の孤独（ヒトリ性）と融合する「一体感」なのだ。ジャズにはそれが凝縮している。

翌日、次の旅先から送信されてきたお礼のメール、そしてネット上の公式ブログは、彼の弾くピアノさながらに、ポエムのように綴られていた…

そして今日初めてお会いしたＨさん。

いろんなアルバムで僕の演奏を聴いてくださってた彼も本当にたくさんご尽力くださって、そして今日お会いして熱い想いを語ってくださった。

開演までゆっくりたっぷりそんな話を聞かせてもらって。

なんだか嬉しいなあ。

初めてなのにそう感じさせないなにかもあって。

で、スタート、キーストン、満席。
古めのヤマハのグランド。
中音域なんかはアクションのノイズもあるけど、
それがそのピアノの味になっていて。
おそらくは四〜五十年経ってるピアノの年輪を感じながら、弾いた。

遠方からもたくさんの友人・知人に来場してもらったライヴの夜…自分としては、うれしさと歓びの対局に、焦りと哀しみの入り混じった不思議な高揚感の中でコミットしていたが、そんな私にいつもと違う佇まいを感じたという友人もいた…。

「楽な老後なんてないよね…」この度の身内の試練を共有してくれている妹からのメッセージ。これからもっともっと、すさまじい津波が待っているのかもしれない…。でも、人生で起こる全てのことは必然であり意味のあるメッセージなのだ。あがいても、もがいても、真摯に「引き受けていく」ということ。

ジャズはいつも、清濁併せ呑んで「今ここで」の人生を引き受けてくれている…

24 引き受けている人たち
～ダブルバインドの狭間で～

長年関わってきた、今年三十歳になる女性からメールが届いた…

すさまじい人生をくぐり抜けて、やっと安定したアルバイトにも就くことができ、落ち着いてきた矢先…職場の人間関係（彼女が言う、象徴的な人種としての「おばさんたち」）のことで、先日来相談を受けていた件だった…


『一見、やさしそうにみえる？「いいヒト」たち。ずっと信じてやってきたのに、今回のことで、なにげない言葉づかいや態度に、ふっと隠しきれない嫌みやプライド、怖さが見えて苦しくなる。

表面的に話を合わせるのは上手。下手《したて》に出て相手に合わせているみたいにみえるけど、ほんとは黙って自分のペースに巻き込んでいる。目立つものや一見やさしそうな人に目を奪われる。叱られるより叱ることが、どれほど苦しいことかもわからない人たち。

あれほどに、ヒトを傷つけながら、そして相手はそれ以上に自分を責めて苦しんでいることにも気づかず、翌日には、なにごともなかったように、作り笑い？で平気でいる。笑顔なんか要らない！

わかりあいたいと必死の思いで話しても、はぐらかされるし肝心なことは話さない。そんな自分にも気づいていないみたい。一見大人びたおとなしそうな振りをみせているけど、かげでは上調子にはしゃぎながら、目上の人や特定の人の前では、いい人ぶったり、べったりしたり、全く違った顔をみせる。どうして、そんなになってしまうの？　自分を守るため？　ほんとに「いやらしい！」。全てが、ウソとしか思えないし、信じられなくなる。自分が変なのかと悩み、苦しくてずっと眠れなかった。自分が壊れる前に、辞めるしかないと思った…。

ほんとは、みんないいもの持ってるし、すごく感謝してるのに、残念だよね。どうして、こんなになるのかな？　ありのままでいられたら楽なのにね。ほんとに悲しい…』

そんな矢先、実家に引きこもっていたトランスジェンダー（従来の性同一性障害）の彼（カラダは女性）と久しぶりに再会する機会があり、このエピソードを伝えたとき、黙ってうなずきながら聴いていた彼が、ふと、あるエピソードを話してくれた。

それは、彼が学生時代に、他県の友人宅（実家）に泊りがけで遊びに行った時のこと…。友人のお母さんは、おいしい手料理を作ってくれたり、いわゆるやさしいおもてなしを溢れるほどにしてくれた…と。ただ、外出時に立ち寄った喫茶店で、テーブルに置かれた自分のティーカップに、間接照明の光が映りこんでとてもきれいだったので、じっと見とれていたら、前に座っていたお母さんに、突然「あらっ、どうしたの？　ゴミでも入ってた？」と声をかけられてしまった…と。

繊細で話し上手でもない彼は、それ以上何も付け加えなかったけれど、自分には彼の言いたいことは、痛いほどにすぐに理解できた…。

彼が自分の「性」のことで一番苦しんでいた頃でもあったはずだ…。


家族システム論でも、よく知られていることではあるが、家族の中で最も「共感性の高い」子どもが、いわゆるスケープゴートとして、身体症状が出たりメンタルな病気になってしまうということは、自分の臨床経験の中でも少なくない…

しかしそれは、子どもや家族内だけのことではないのだ。「引き受けている人」…つまり引き受けてしまう繊細な感性を持った人は、いつもダブルバインド（金縛り状態）の狭間で葛藤しながら苦しんでいる。

かれらが辛さを感じている対象は、誰が見ても、みんな「いいヒト」であり、正論の世界なのだ。世間的に？悪いことなんか何もしていない、むしろ、よくできたヒトたち…。だから、かれらは何も言えなくなる…そして、相手を責めることもできず、矛先が全て自分自身に向かってしまうのだ…。


いわゆる一般社会や健常？と言われる世界では、見て見ぬふりをされ、置き去りになっていく、そんな子どもたちや苦しんでいる人たち…

皮肉なことに？自分は、そんな佇まいの人たちからこそ、励まされ、教えられ、逆にエネルギーをもらっているのである…。そして、そういう人たちにこそ、いつまでも寄り添っていたいし、「共にありたい」と思っている…。

25 陰陽師とカウンセリング

今から十数年前になるが、繊細な感性を持った後輩の心理士がそっと勧めてくれたコミック本がある。それは夢枕獏原作で岡野玲子という漫画家の描いた「陰陽師」シリーズだ。全十三巻で完結したが、後半に近づくほど原作からは程遠い内容になり、吹き出しは極端に少なくなって絵巻物のような夢幻世界が展開されていく。ストーリーもあってないような理解しがたい世界になっていくのだが、魂の深みにのめり込んでいくようなスピリチュアルな幽玄世界にたじろいだのを覚えている…。

彼女の描く安倍晴明は、今も私の憧れのような存在であり、平安時代の臨床心理士だ…などと表現することも多いのだが、それは、いたる所で彼のつぶやくセリフが、現代的でとても奥深い示唆に富んでいるせいかもしれない。

特に、印象深いのは、『…悪鬼悪霊鬼神に向かう時には、敵であっても味方であってもいかんのだ。こちらの心の動揺は向こうの動力源となる、まして情けなぞかけたら向こうの思うツボよ。…（中略）必ずわが願いかなえたしとか、必ず調伏せむなどと力をこめるのはかえって危険なのだ。相手（オニ）の力が施者（こちら）に勝れば相手に引き込まれ利用される。逆に相手が弱ければ施者自身の生み出す妄想にふり回されかねん。…（中略）こちらの思いどおりに事を運びたいなら、神も含め鬼神悪鬼悪霊に対する時、この身は常にニュートラルにしておかねばならん。可でもなく不可でもなければ、たとえ周囲でどのような事象が起ころうとも、我が身は風のように自由でいられる…』というくだりだ。

この場面は、カウンセリングのワークショップ等でもしばしば引用させてもらっているが、心理臨床のスタンスとしてはもちろん、自分にとっては人生の指南として、いつも大切にしているメッセージであり戒めなのだ…。

日々の心理臨床で、相談を受けるということは、基本的な傾聴やアドバイス以前の、自分自身の在りよう（メタスキル）がとてもだいじになってくる。最近は、自分のやっていることは、「イタコ」や「シャーマン」「チャネラー」といった存在に近いなあと感じることが多くなった。それは「ニュートラル」という一語に集約されるが、カウンセリングという時空間での私の役割は「（相手に）何もしないこと」、つまり「天」（大いなる自然の流れ、トランスパーソナルな在りよう）と「相手」（クライアント）をつなぐ通り道をつくることだけなのだ。そのような「水路を開く」ためには、天の「気」を一身に受け止めながら、いかに相手と波動を合わせ、その場の「気を整える」かということにかかってくる。そのためには、まず自分自身の心身を緩め自由にしておかねばならない。「相手を楽にしてあげよう」「問題を一緒に解決しよう」などという意図は妨げになるだけだ。

人生の問題はすべからく「解決」などしない。「解消」しているだけに過ぎないが、それでいいのである。悩みの本質は「コンテンツ（内容）」ではなく「マネージメント（やりくり）」の問題なのだから…。

私は、組織に「属する」ということが人一倍苦手である（反動形成として表面的には順応的に振る舞えているつもりだが）。しかし、カウンセラーとして、あるいは人の相談を受けるという立場では、むしろその方がうまくいくのである。ちょうどM．エンデの「モモ」のように…。自分の抱えている多くの「属性」をどれだけ削ぎ落としていけるかが、チャネラーとしての試練でありトレーニングだと思っている。そのために「孤独」はつきものだ…。

こうして日々、さまざまな人たちの奥深いドラマに立ち会わせてもらいながら、多くの学びやインスピレーションをいただいているのである…。

26 異界からの卒業

夕方、ふとテレビのスイッチを入れると、ある学校の卒業式にサプライズ登場した絢香の「みんな空の下」が流れていた…。聴き入りながら、昼間に面談していた中学生のことを想い出していた…。

その子は、発達障害の診断を受けた不登校の中学三年生だ。お母さんとの関わりに始まり、二年近くになる。この時期の子どもは、一対一の面接場面というのは苦手な子が多いのだが、彼は違った。当初は月に一回だったが、最近は彼の希望もあり、月に二回面談するようになっていた。

彼は、会うと必ずとてもチャーミングな笑顔で挨拶をしてくれるのだが、面談が始まると、ほとんどしゃべらない。でも表情だけは穏やかで、はにかむような笑顔さえみせてくれる。「何か変わったことあった？」と尋ねても、「う〜ん」と考えながら「特には…」と笑顔で濁す？ことが多い。私が、彼の興味のありそうなことを、最近のエピソードを交えながら、つらつらと話し始めると、興味深そうに微笑みながらひたすら聴いてくれるのだ。そうしている内に、次第に彼の表情や佇まいも緩んできて、お互いの波動が合い始めてくる。面談が一時間くらい経って終わろうとする頃「ほかに何かあるかな？」と尋ねると、そこで初めて彼の方から、戸惑いながら（恥ずかしそうに）ボソボソと感じている疑問などを投げかけてくれる。疑問はほとんどが、ネットから引っ張ってきた用語の意味だが、私も知らなかったような用語がたくさん出てくるのだ。お互いに宿題にして調べてきたりするのだが、そのような用語の背景には、必ず彼自身の深い悩み、不安が見え隠れするのだ…。そうしているうちに最近は次第に悩み?も伝えてくれるようになった。それは、とてもシンプルで、ほとんど「ひと言」で表現するのだが、先日は、ある悪夢?を振り返りながら語り合った。しかし決して分析などはしない、気づいたキーワードを共有しながら、ただ一緒に五感で感じていくのだ。

彼は、家庭では、私との面談場面からは想像もできないような恐怖に悩んだり、死にたいと暴れたことも以前は頻発していて、それを母親にぶつけたりもしていたが、今はそんなエピソードもほとんどなくなった。

いろんな生き方があっていい、いや「生き方」なんて気負った言い方は変だよね、などと確認し合いながら…でも、単なるきれいごとではなく、彼と一緒に漂いながら、自分たち二人の言葉で具体的な現実?の「とらえ直し」をしていくのだ…。

その彼が、やっと中学校を卒業できた。卒業証書は母親が受け取っていたことも彼は知らなかった。証書なんかには関心もなかったし、どうでもいいことなのだろう。

待たせていた母親が同席して、私が「おめでとう！　ほんとに、ここまでよくやってきたよね！　バンザイしようか！」と言うと、彼は、今までにない、ほんとにうれしそうな笑顔を見せて、隣にいた母親にとっさに手を出して、あわてて恥ずかしそうに引っ込めた。私は、それを見て笑いながら、まずお母さんをねぎらいながら握手をし、次に本人と握手した。

ようやく中学校という「異界」から抜け出せる。「油屋」から脱出した千尋のようだ。中学校を卒業できたことが、うれしかったのではない。ほとんど不登校状態でさまざまな葛藤に苦しみながら、この三年間を無事に生き抜いてきたことをねぎらって、おめでとう！と言ったのだ。彼は、大多数の中学生より、よっぽど先を歩いている。単にマイノリティとしての苦しみにすぎないのだ。学校に行くことより、もっとだいじなことがある。それは、まず「生きていること」、そして生きる「モチベーション」だ。他人（大多数）に合わせる必要はない、まずは自分自身が「夢中になれる」ことをやればいい。それが生きていくことの原点だ！

彼には、これから必ず素敵な「出会い」が待ち受けているだろう…ありのままの自分自身を生きてさえいれば…。

「みんな空の下」の中の歌詞、♪何度も優しく笑うんだ♪…今も、彼の屈託のない笑顔が浮かんでくる…。

27 巡る春…そして「寄り添う」ということ

今年も、春がやってきた…「巡る春」

相談臨床の場で関わっているさまざまな子どもたちにも、思いがけない変化が起こる…。

三年間ほとんど登校できなかった男子中学生が、周囲の予測に反して、合格した高校にバスに乗って毎日通うようになった。学校の建物を見るのも嫌だったＡＳＤ（自閉スペクトラム症）の男子生徒が、自ら「行ってみようかな」と保健室登校を始めた…。

三月のある金曜日の夕刻のことだ。二～三人の職場のスタッフと共に事務室の戸締りをし、ホッとして帰ろうとした時、電話が鳴った。週末の夕刻の電話は、たいてい緊急の困難事例が多いので一瞬ストレスを感じてしまうことが多い。しかし、この日は違った。長く相談で関わってきた、いつものあのお母さんの声だった。三年間、ほとんど学校に行けなかった女子小学生のお母さんだ。十分程度の放課後登校だけは何とか続けられるようになっていたのだが、卒業式への出席はまず無理かなと、周囲の大人たちは思っていた。ところが、彼女は前日の予行練習から登校し、当日も全てをきちんとこなせたというのだ…。思わず、受話器の前で号泣してしまった。他のスタッフの前で、こんなことはめったにないことだが、恥ずかしいとも感じなかった。「学校が全て」などとは微塵《みじん》も思っていないが、きっと、自分自身と格闘しながらがんばってきたお母さんのひたすらな想いに心が重なったのだろう。

本人とは、学校ですれ違う程度しか会えていないのだが、お母さんとは、支援関係を超えたソウルメイトのような絆を感じていた。日々のエピソードを一緒にていねいに振り返りながら、イタコのように本人の気持ちにどれだけ寄り添っていけるか…自分自身が、徹底的に試される時間でもあったのだ…。

『子どもは、絶対に自分の辛さを口にしたがりませんね…相手の苦しさはどこにあるのかと、ほんとうに自分の器を空にして相手を見つめなければ…。主張は言葉だけでなされるものじゃないんです。動物たちがものを言わないのにも、わけがあるんです…』

動物をこよなく愛し、二十八歳で夭折した後輩の言葉がよみがえってくる…。

全ては必要な時間なのだ。本人にとっても家族にとっても。誰も先を予測はできないし、決めつけることはできない。周囲にとっては「待つ」ということが重くのしかかることも多い。しかし本人にとって、「待つ」などという概念はないのだ。ただ、ひたすら今を一生懸命に生きているだけだ。

大人は、先から今を見据えてレールを敷いてしまう。その背景にあるのは「不安」だ。もちろん、それを否定してはいけない。親だからこその感情であり、命がけで本気になってくれるのは、ある意味親しかいないのだから。ただ、例え自分の子どもであれ別人格なのだ。人をコントロールすることなどできない。子どもと親(大人)では、思考のベクトルが全く逆なのだということにどれだけ気づけるか…?

そして…「信じる力」だ!

肩の力を抜いて、ていねいに準備しながら、大いなる「流れ（flow）」に委ねていくこと…そうすれば必ずチャンスは訪れる…。

先日、やっと医療につながった母子の診察に同席した。ＡＤＨＤと診断がついたその女の子は、玩具のあるコーナーで緊張気味に探るようにいろんな玩具をいじっていた。その子の後姿をそっと見つめながら、こみ上げてくるものがあった。こんなチャーミングな子が、学校では信じられないような問題行動?を起こしてしまうのだ…。タイミングを見計らって、フロアーに腰を下ろし、そっと寄り添ってみる。決して侵襲してはいけない。静かにそっと近寄らせてもらうのだ。目を閉じて、その子の波動を受け止めていく…。すると、不安そうにみえたその子の表情は、いつの間にかやわらぎ、少しずつ言葉も交わしてくれながら一緒に遊んでくれるようになる…そして、フッと澄んだ瞳と視線が合うとき…ピタッと波動が同調する「出会い」の瞬間だ！

『ずっと、そのままの君でいいんだよ…』と心の中でつぶやく…。

この春で七年間務めたこの職場を退職した。しかし、相談臨床は多分一生続けていくだろう。相手の苦しみや哀しみに寄り添い、共にくぐり抜けていくこと…そこには、計り知れない多くの学びと「出会い」があるから。そしてそれは、「苦しみ、哀しみ」が「歓び」に変わっていくという、錬金術のようなプロセスでもあるのだ。

窓の外を、春が流れていく…

28 こころで生きるを考える
～ある納棺師との出会いから～

三十歳の女性納棺師との、思いがけない出会いは、信頼している旧友のソーシャルワーカーSさんからの紹介だった。

彼女は、「傾聴」について学びたいと希望しているとのことで、私のオフィスで、傾聴についての個人レクチャーを引き受けることになった。

引き受けた動機は、納棺師という職業への関心はもちろんだが、「納棺師になぜ傾聴が必要なのだろう？」という興味もあったからだ。

納棺師については、日本アカデミー賞を受賞した映画「おくりびと」で、広く注目されたこともあり、存在を知ってはいたが、個人的な出会いは全くなかったし、深くコミットすることもなかった。

とにかく全ては、お会いしてから決めようということで、おつき合いが始まった…。

月に一～二回のペースで、とりあえずは、基本的な「傾聴スキル」のレクチャーから始め、フォーカシング等の演習も交えながら進めていった。レクチャーの後には、必ず彼女の話も聴きながら、シェアリングや振り返りを行うことも必須だ。

しかし、回を重ねるごとに、彼女が今まで納棺の現場で感じてきた想い、大切にしているスタンスや切実な問いかけが、あまりにも自分自身の在りようと近似しており、むしろ私の方が、彼女の話に触発されていくという流れになっていったのだ…。

彼女は、東京にある納棺師の学校で学んだ後に、関西を拠点に、納棺の現場に携わっていた。しかし、簡略化が進行していく今の葬儀の在り方は何かが違う！　大切なものが置き去りにされていると思い悩み、改めて自分自身の考える「寄り添う」納棺師を実践しようと、故郷に戻り起業しようとしたのだ。「私は、納棺師としては落ちこぼれかもしれませんが…」と自嘲する…。そして、「私は、（進路に迷ったとき）目の前に二つの選択肢があったら、厳しい道の方を選んできました…」と。この言葉に込められた、彼女の潔さと凛とした佇まいが、今でも緩んだ心身を引き締めてくれる…。

彼女は「二人称の死」ということをよく語っていた。納棺に携わる現場で多くの家族の風景に触れ、故人や遺族の佇まいに、それぞれの人生模様をみることとなり、多くの学びがあったという。「死に向き合うことは、生に向き合うこと」だと彼女は言う…。

一方、自分にとって心理臨床の場は、クライアントと共に、まさに命がけで「生きる」ということに向き合う場でもある。相手と波動を合わせながら、ニュートラルに五感を開いていくプロセス、その「佇まい」こそが、自分とクライアントを心の深い層でつないでいく…。

納棺師である彼女にも臨床心理士である私にも、共通するキーワードは、「寄り添う」ということはもちろん、自分自身が、いつも大切に温めてきた「佇まい」というコトバ（在りよう）を、彼女自身も、自分の仕事の?看板にしたいくらいに、だいじにしてきたキーワードだと聴き、深く共鳴していった…。

レクチャーは、回を重ねるごとに、双方向のシェアリングの場に変容し、気がつけば、いつの間にか、これらの想いを発信する場として、コラボでライヴ（イベント）を企画しようという流れになっていった。

ある日、彼女が手渡してくれた企画書のメモに、彼女の切実な想いが凝縮されていた…。

『現代人は死に接する機会も減少し、死をタブー視してまともに向き合えていない現状がある。生一点に重きを置くのではなく、死から生を見つめる視点が、豊かで深みのある心をはぐくむ。だからこそ納棺の時間は、学びの時間としての意味合いもあるのではないか。さいごに知る「こと」がある、さいごに教えてくれる「こと」がある。死に向き合えない現代人への「よりそいびと」として、表には出ないが、そばにいる、交わす言葉が無くとも「たたずまい」で想いが伝わるような納棺師でいたい』

賛同してくれた仲間と共に、半世紀ぶりに新改築された駅ビルの会場を借りて、真夏開催のイベントにこぎつけた…

テーマは、『こころで生きるを考える〈臨床心理士×納棺師〉』

～異色のコラボレーションから生まれる、予定調和なしの化学反応！～というキャッチコピーのもと、

・臨床心理士からのメッセージ

『「佇まい」が語り…そして「寄り添う」ということ～トランスパーソナル心理学の視座から～』

・納棺の儀（デモンストレーション）
・対談（臨床心理士×納棺師）
・参加者とのシェアリング
というプログラムを考えた。

今回は、初めての試みでもあり、我々の想いが単なる終活ブームと混同されないように、マスメディアには敢えて広報せず、我々がこれまでに縁をいただいた、大切な人たちだけに声をかけたが、会場の定員を超える六十名近くまでになった…。


自分自身からの発信は、日頃から行っているレクチャーとは、全く質の異なるものになった。納棺師との深い関わりを通して、そうでしかない流れになっていたのだ…。日々の臨床で、魂レベルで感じてきたクライアントとの出会いの真髄を、アタマではなく「五感」から生じたコトバで語るという、究極の試みをすることになった。そのために、寝ても覚めても、キーワードのひとつひとつを推敲し続け、心身が衰弱してしまうほどだった。それは、コトバという限界のあるツールで、どこまで、嘘のない本質的な表現が可能なのか、自分自身が厳しく試されるプロセスであり、結果的に自分自身をとことん追い込むしかなかったからだ…。

イベント当日は、瞑想の中にいるように想いを語りながら、何度となく涙がこみあげてきて、ありのままというより、ハダカのままの自分をさらけ出したような時空間になってしまっていた…。

メインの「納棺の儀」では、横たわった故人モデルを前にして、彼女の息をのむような所作や佇まいに、涙する人も少なくなかった。なんのコトバもなくシンプルに、これだけ深い表現ができ、その場の誰もが、その時空間を、パーソナルな「ワタシ」を超えて何の区別も差異もなくフラットに共有できる…。魂に浸みこんでくるような静謐《せいひつ》な佇まいに、嫉妬すら覚えるようなひとときだった…。

最後のシェアリングでは、参加者の方たちのひたすらな想いが一体感となり、会場が不思議なオーラに包まれたようだった。予定時間を大幅に過ぎたにもかかわらず、誰一人として席を立つ人はいなかった…。

これは「死」を考えるイベントでもなく、今はやりの「終活」を考えるイベントでもない。「死」を通して、まさに「生きる」ことを考える…。現代社会では分断されてしまっている「生」と「死」。それらを双方から一つの軸でつないでいくことにより、「生きる」とは何か？　本質的な問いに向き合う場を、多くの人とシェアし共有したかったのだ…。

その数ケ月後には、歴史ある古刹《こさつ》の荘厳な本堂で、二回目のイベントを開催することができた…。納棺師と同じ三十歳の住職のご尽力もあり、三人での鼎談もでき、また新たな「出会い」とたくさんの大切な「気づき」をいただくことができた…。

自分たちは、最初から「何かをしよう」と考えていたわけでも、目論んでいたわけでもなかった。たったひとつの「出会い」をきっかけに、自然な流れの中で、内なる熱い想いが触発され、いつの間にかカタチになっていった…。ほんとうの意味で「つながっていく」「拡がっていく」というのは、こういうことではなかったのか？　そこに作為は要らないのだ…。

29 言葉と沈黙

気持ちの整理がつかなくなったり、心の中が騒々しくなってるなあ、と感じた時に、ふと思い出して開く本があります。もう七十数年も前に書かれた、マックス・ピカート「沈黙の世界」です。最初に手に取ったのは、二十歳の頃でしょうか…、このセピア色に日焼けしたページのどこを開いても、一瞬で日常から全く別の時空間（次元）にシフトできるのです…。

『…言葉が終わるところでは沈黙がはじまりはする。しかし、沈黙がはじまるのは、なにも言葉が終わるからではない。沈黙は、言葉が終わるときに、明瞭に意識されるだけのことである。沈黙は一つの独自の現象なのだ』

二〇一一年の東日本大震災を契機に、「がんばれ」という言葉が見直されて、多くの人たちが、この言葉をとても慎重に使うような現象が生じています。言葉ひとつひとつの重さを大切にかみしめ、模索されるムーブメント?をとてもうれしく感じていますが、その一方で、そのこと自体もまたブームのように「風化」されていくのではないか…?という不安もないではありません。「平和」という言葉もしかり、「愛」や「心」という言葉も同じです。今の社会では、どんな大切な言葉も、たちまちのうちに騒音化し、消費され風化されていってしまう…。

「愛」という言葉に、久しぶりに魂を感じたのは、「千と千尋の神隠し」の一場面でした。千がハクを命がけで救いに行こうとしたときに、それを不思議がるリンへ釜爺が発した言葉…「わからんか！ 愛だよ、愛！」

『愛のなかには言葉よりも多くの沈黙がある。「黙って！ あなたの言葉が聞こえるように」』

どんなに美しい言葉も、必ず風化していく。だからこそ、今ここで精一杯の言葉を探し求め、あなたに伝えようとするのだ…。

数々の「経典」が、なぜこれほどまでに長い歴史を生き抜き、今日まで多くの人々の支えとなってきたのか…？ それは、イエスが、シッダールタが、ひとりの生身の人間として、自分の人生を苦しみ抜いた末の結晶、つまり浄化された珠玉の「言霊」であるからではないだろうか…？

言葉では表現できない。だからこそ何とか言葉にして伝えようとする。その祈りにも似た、ひたすらで真摯な姿勢こそが、言葉に「生命《いのち》」を吹き込み、相手に届くのだ。言葉の持つリアリティとはこういうことなのではないか。

『祈りとは、言葉を沈黙のなかへと注ぐことなのである』

うつ病を病んだ女性が、車窓から無表情で田園風景を見つめながら、ふとつぶやいた言葉を想い出します。「お百姓さんが、田んぼで働いている姿をみるのが一番落ち着くの…」と。

『機械がうごきやめたときにそこにある静けさ、それは決して沈黙ではなく、実は真空である。だから、労働をおえた労働者は真空の中にいる。…だから労働者は無口であるが、農民は沈黙するのである』

沈黙は何物かが欠けているために生じた真空ではなく、それ自体で充実したもの、充実して存在しているものなのだ。

『もしも言葉に沈黙の背景がなければ、言葉は深さを失ってしまうであろう。』

真実はいつも沈黙している…。

＊『』内の言葉は、全て前記「沈黙の世界」（みすず書房）」からの抜粋である。

お★わ★り★に

今、日本は、いや世界は、新型コロナウイルスパンデミックの真っただ中である。こんな時に、この「あとがき」を記すことになってしまった。何とも言えない複雑な感慨に引き込まれていく…。このパンデミックについて、先日ある機関紙に寄稿した切実なエッセイも手元にあるのだが、今回のこのエッセイ集には掲載したくなかった…最後は、「言葉と沈黙」で、静かな心持ちで締めくくりたい気持ちだったのだ…。

ただ、皮肉なことに、今回のパンデミックにより非常事態宣言が発出され、私の居住する地方においても、先月から、依頼を受けていた大半の講演や講義、諸々の会議等が延期または中止になった。そのことで、以前からの懸案であったこのエッセイ集を、やっとまとめる時間の余裕ができたともいえるのだが、それだけではない、むしろ、今こそ早くメッセージを発信しなければ、という焦りにも近い気持ちにおそわれたことも否めない…。

今回のパンデミックは、我々の「外側」で起こっていることではない。ひと言でいえば、ガイア（大自然）の営みを無視してきた傲慢な人類へのしっぺ返しとなって現われた事象だと受けとめているし、自分自身もそれに甘んじてきた加担者のひとりであることを真摯に「引き受け」なければならない。モノやカタチに執着し、安住してきた人間たち…外ばかりに求めてきた我々人間に、今こそ「内省」が迫られているのだ…。

そんな先の見えない濃霧の中で、今も毎日のように、さまざまなクライアントや知人から相談やアクセスをいただいている。これら個々のことも、私自身のプライベートで生じている人間関係の事象も、今のパンデミックと決して無関係ではない。むしろ深くリンクしており、星座のように布置されているのだ。

悩み苦しんでいるクライアントの人たちは、真摯に「引き受けている」人たちであり、ある意味命がけだ。だからこそ、個や時空を超えて全ての事象を鋭敏に感じ取ってしまう。

彼らと関わることは、自分自身にとっても、全てが修行の場であり、学びの場でもある。きっと死を迎える寸前まで、心理臨床を続けている自分が、鮮明にイメージされてくる…。彼らは、私のソウルメイトであり、魂のパートナーなのだ。これからも命ある限り、彼らを師匠として、日々の学びを発信し、伝え続けたい…。

振り返れば、おこがましい表現だが、生き地獄を何とかくぐり抜けてきたともいえる自分が、葛藤や怒りや哀しみを昇華でき、こうして自分の生涯のミッションともいえる役割に出会えたことに、今は深く感謝している。

このエッセイ集を出版するにあたり、以下の方々にたいへんお世話になった。このエッセイ集の主な寄稿先である、「リフレ地域生活支援センター」元センター長のN．H氏、NPO法人「メビウス」（海月クラブ）理事長のK．H氏、チャイルドドライン岩国ステーション代表のI．Yさん、M．Mさん。また、このような出版の機会を与えてくださり、辛抱強く励ましていただいた旧友、石黒憲一氏に、心から謝意を表したい。

そして、何より、悩みや苦しみを通して、「出会い」の歓びを共有させていただいたクライアントの方々、プライベートに陰で私の足元を支えていただいた人たち、もう十五年以上も続いている、産業カウンセラーの方々を中心とした学び塾「ホーリー会」の皆さん、「こころで生きるを考える会（KIK）」の仲間たち、まさに、数えきれない多くの方々との、かけがいのない「出会い」があったからこそ、今の自分があるのだと確信している。トランスパーソナル心理学でいう、まさに「生かされている」自分…今あふれんばかりの感謝の想いに充たされている。

このエッセイ集を、時空を超えて見守っていただいている先祖の方々、今生に縁をいただいた両親と妹、そして前世では、きっと私の師匠であったろう二人の娘、N子、Y子に捧げたい。ほんとうにありがとう。

二〇二〇年四月　古稀を迎えた春の日に

著者略歴

1950年　山口県生まれ。高校時代から、実存哲学や心理学に傾倒。同志社大学文学部（心理学専攻）卒業後、山口県の社会福祉専門職として、精神保健相談、不登校・非行・虐待等の児童相談、障害者支援、障害児の療育相談等に携わる。1995年臨床心理士資格を取得し、精神科クリニックのカウンセラーとしても従事。

岩国児童相談所長、社会福祉法人 鼓ヶ浦整肢学園「総合相談支援センターぱれっと」所長を経て、2017年から「カウンセリング・オフィスHORIE」を開設。個人・家族カウンセリング等を行う傍ら、大学・看護専門学校・産業カウンセラー協会等の講師、チャイルドライン岩国STスーパーバイザー、行政・教育・施設・刑務所・企業等での相談・研修会、県内外でのワークショップ等の講師に携わっている。

専門分野は、カウンセリング、児童・障害者心理、メンタルヘルス等。臨床現場においては、具体的かつ実践的なアプローチ（解決志向・行動療法等）と同時に、人間性心理学やトランスパーソナル心理学をベースにした、心身一如の（ホリスティックな）スタンスを大切にしている。

出会いの風景

2020年10月10日　初版　第1刷　発行　　　　　定価はカバーに表示しています。

著　者　　　　堀江秀紀
発行所　　　　(株)あいり出版
〒600-8436　京都市下京区室町通松原下る
元両替町259-1　ベラジオ五条烏丸305
電話／ＦＡＸ　075-344-4505　http://airpub.jp/
発行者　　　　石黒憲一

印刷／製本　　シナノ書籍印刷(株)

製作／キヅキブックス
 ISBN978-4-86555-080-1　C0011　Printed in Japan